Kerstin Kuppig

Das große Werkbuch Religion
2. Band

Kerstin Kuppig

Das große Werkbuch Religion

2. Band:
Neue Ideenkiste voller Geschichten,
Bastelanleitungen, Spiele und Lieder
für Kindergarten, Schule und Gemeinde

Mit Illustrationen von Cornelia Grzywa

HERDER

FREIBURG · BASEL · WIEN

© Verlag Herder GmbH, Freiburg im Breisgau 2009
Alle Rechte vorbehalten
www.herder.de

Umschlaggestaltung: Finken & Bumiller
Umschlagmotiv: photocase4xdensyw2
© www.photocase.com/deeplo

Satz- und CD-ROM-Gestaltung: SatzWeise, Föhren
Herstellung: fgb · freiburger graphische betriebe
www.fgb.de

Gedruckt auf umweltfreundlichem, chlorfrei gebleichtem Papier
Printed in Germany
ISBN 978-3-451-32610-3

Inhaltsverzeichnis

Ein Wort vorab 8
Übersicht über die Themenbereiche 9
Ideen und Methoden zur Beschäftigung mit religiösen Themen 11

1.   **Gottes Wort hören – die Bibel** 13
1.1   Gleichnispuzzle 13
1.2   Fünferleiste 16
1.3   Fünf-W-Methode 19
1.4   Entdeckungsreise 22
1.5   Bibelspeisung 25
1.6   Bibelredaktion 27
1.7   Bibelmandala 29
1.8   Bibellesezeichen 33
1.9   Bibelkarton 35
1.10 Arche Noah – Tierpaare 37
1.11 Wir sind ein Leib 40
1.12 Unsinnstext 42
1.13 Turmbau zu Babel 44
1.14 Psalm-Memory 46
1.15 Psalm 91 49
1.16 Psalmpuzzle 59
1.17 Klangspiel 60
1.18 Linsengericht 61
1.19 Kuchen backen mit der Bibel 64
1.20 Ich habe einen Namen 69
1.21 Gott gibt einen Auftrag 71
1.22 Zehn Gebote 75

2.   **Gottes Welt achten – die Schöpfung** 80
2.1   Schöpfung erfahren 80
2.2   Garten Gottes 85
2.3   Ausschnittbild 87
2.4   Die Sonne 90

3.   Gottes Sohn kennen – Jesus   93

3.1   Jesus-ABC   93

3.2   Namensbild   96

3.3   Jesus, der Menschenfischer   99

3.4   Die Stillung des Seesturms   102

3.5   Der verlorene Sohn   104

3.6   Dornenkrone   109

3.7   Sorgenkreuz   112

3.8   Sudoku   113

4.   Gottes Haus besuchen und ihm begegnen – Kirche und Glaube . .   118

4.1   Spurensuche   118

4.2   Segensspruch Urbi et Orbi   120

4.3   Segenshut   123

4.4   Segen   125

4.5   Segen verschenken   126

4.6   Ampelspiel »Martin Luther«   128

4.7   Liturgie   134

4.8   Abendmahl feiern   138

4.9   Ich bin ein Christ   140

4.10   Wortkreuze   142

4.11   Rituale: Ein Gruppentuch gestalten   143

4.12   Glaubensbekenntnis   145

4.13   Gebetsteppich   147

4.14   Kirchenball   149

4.15   Vaterunser-Drehscheibe   150

5.   Gott loben und feiern – die Feste   152

5.1   Palmwedel   152

5.2   Karfreitagsstille   157

5.3   Oster-Ei   162

5.4   Osterkranz   165

5.5   Erntekorb   168

5.6   Gabenkorb   170

5.7   (Ernte-)Danklied   172

5.8   Martinstag   175

5.9   Lebenslauf Martin   177

5.10 Barbarazweige 184
5.11 Nikolausschiffchen 188
5.12 Mandala 192
5.13 Reise nach Betlehem 194
5.14 Adventskranz 197

6. Gott spüren – das Leben 201
6.1 Wohlfühlkiste 201
6.2 Masken 203
6.3 Klagemauer 212
6.4 Kerzenwunsch 213
6.5 Heimlicher Wunschzettel 215
6.6 Grabstein 217
6.7 Gebetsfächer 220
6.8 Rezept für einen guten Freund 223
6.9 Stationenbeten 227
6.10 Betende Steine 229
6.11 Würfelgebete 231
6.12 Wortcollage 237
6.13 Lebensbuch 239

Ein Wort vorab ...

Religion ist und bleibt spannend!

Religion macht Spaß!

Religion ist und bleibt stets aktuell!

Religion will erlebt, erfahren und gestaltet werden.

Religion kann man spüren, leben und in sich aufsaugen.

Religion ist was für alle Sinne. In Symbolen wird sie sichtbar, in den alten Geschichten hörbar, so z. B. im Abendmahl, wo ich sie schmecken und im Miteinander spüren kann.

Mit Religion kann man umgehen – vielfältig, interessant, kontrovers.

Das Werkbuch Religion will zu neuen Berührungen und Erfahrungen mit unserem Glauben herausfordern.

Dies wird bei jedem anders aussehen. Nicht jede Person, nicht jede Gruppe ist gleich; jeder Erfahrungsschatz und jede Lebenssituation ist anders gewichtet. Jede Zeit stellt ihre besonderen Anforderungen und Bedingungen.

Deshalb gibt es keine starren Konzepte für den Religionsunterricht oder die Gemeinde- und Gruppenarbeit, sondern die Fortsetzung des großen Werkbuches Religion.

Ein Werkbuch ist ein Arbeitsbuch; aber Arbeit kann auch Freude bringen. Es ist hoffentlich kein Buch, das einmal gelesen im Schrank verschwindet. Greifen Sie beherzt in die Ideenkiste, verändern Sie, variieren Sie, ergänzen Sie. Einiges haben Sie vielleicht selbst schon einmal genauso oder so ähnlich gemacht, wie ich es erprobt und aufgeschrieben habe. Manches machen Sie sicher viel besser.

Werkeln Sie mit den Ideen; probieren Sie, kombinieren Sie und schneiden Sie alles auf Ihre ganz persönliche Praxis zu.

Die Hauptsache ist, Sie behalten die Freude an ihrer Religion und spüren die Kraft, die Ihnen durch den Glauben gegeben wird – und geben beides in Ihren Gruppen weiter.

Auf der beiliegenden CD-ROM ist das gedruckte Buch als pdf-Datei enthalten. Dabei ist einmal das gesamte Buch an einem Stück vorhanden, was ein rasches Durchblättern oder Suchen ermöglicht. Alle Kapitel sind zusätzlich als Einzeldokumente angelegt, welche ausgedruckt werden können. Zusätzlich sind alle Arbeitsblätter, Lieder und Kopiervorlagen ebenfalls einzeln auf A4 ausdruckbar.

Übersicht über die Themenbereiche

Gottes Wort hören – die Bibel

In diesem Kapitel geht es um das »Buch der Bücher«. Die Bibel selbst und Geschichten des biblischen Glaubens sollen kennengelernt werden. Biblische Personen werden vorgestellt und in ihrem Denken und Handeln mit dem eigenen Leben in Beziehung gesetzt. Wir begegnen sowohl Personen des Alten und Neuen Testaments als auch Jesu Worten und Taten.

Gottes Welt achten – die Schöpfung

Gott wird als der Schöpfer des Himmels und der Erde befragt; wir setzen uns mit der Schöpfung als Ganzes sowie mit Schöpfungselementen auseinander. Gottes Auftrag an uns Menschen, die Erde zu bebauen und zu bewahren, wird angesprochen.

Gottes Sohn kennen – Jesus

In diesem Kapitel lernen wir Jesus als Gottes Sohn kennen.

Gottes Haus besuchen und ihm begegnen – Kirche und Glaube

Die Frage nach der eigenen (gelebten) Religion und dem Glauben anderer Menschen beschäftigt Befürworter wie Gegner der Kirche. Aber was bedeutet Kirche eigentlich? Wird das Haus Kirche nicht erst durch die Menschen und ihre Geschichte lebendig? Dieses Kapitel beschäftigt sich sowohl mit der Kirche als Gebäude als auch mit der Kirche als Gemeinde und mit Menschen der (Kirchen-)Geschichte. Es geht um die Kirche und den Glauben – den eigenen und den anderer.

Gott loben und feiern – die Feste

Feste zählen zu den Höhepunkten in unserem Leben. Viele religiöse Festlichkeiten erinnern an bedeutende Ereignisse und Personen. Sie bringen Glaubensinhalte zum Ausdruck und geben religiöse Traditionen weiter. In diesem Kapitel werden Ideen angeboten, um sowohl christliche als auch weltliche Feste zu gestalten und in ihrer Bedeutung zu hinterfragen.

Gott spüren – das Leben

Religiöses Leben hat immer einen Gemeinschaftsbezug. Eigene Lebenssituationen werden in diesem Kapitel mit Grunderfahrungen des menschlichen Lebens verbunden und befragt, um Impulse für ein eigenes, verantwortliches Handeln zu gewinnen. Der Dialog ist ein Grundelement des sozialen Zusammenlebens, in dem Akzeptanz und Respekt gegenüber Andersdenkenden und Andersgläubigen selbstverständlich sein sollen.

Nicht immer gelingt eine eindeutige Zuordnung der Ideen zu einem bestimmten Kapitel. Der Segen ist beispielsweise ein liturgisches Element im Gottesdienst und findet sich daher unter der Rubrik Kirche; genauso gehört er aber zu meinem Leben.

Ideen und Methoden zur Beschäftigung mit religiösen Themen

Es gibt vielfältige Möglichkeiten die Vielzahl biblischer Themen ab-wechslungsreich zu erarbeiten und zu gestalten sowie ihre Inhalte ver-ständlich zu machen (siehe auch die Checkliste im 4. Abschnitt).

An dieser Stelle werden lediglich die Ideen und Methoden näher er-läutert, die im großen Werkbuch Anwendung finden. Zur besseren Ori-entierung ist jeder Methode ein Symbol zugeordnet, so dass schon beim Durchblättern der Ideen sichtbar ist, welche Form der Arbeitsanregung gewählt worden ist. Manchmal sind auch mehrere Methoden miteinan-der kombiniert.

Hören

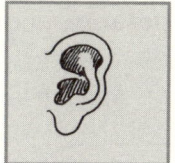

Kinder hören meist mit Begeisterung (biblische) Ge-schichten. In ihrem Kopf werden dadurch Personen le-bendig, Handlungen tauchen vor dem inneren Auge auf und setzen sich in der Erinnerung fest. (Biblische) Geschichten zu hören ist wie ein Stück »Religion im Kopf«, die aber auch das Herz anrührt. In jeder gehörten Geschichte schwingen Gefühle mit, man versetzt sich in die Situation der Hauptperson und geht in die Handlung selbst hinein.

Schreiben

Neben der gehörten Religion geht es bei der einen oder anderen vorgestellten Idee aber auch darum, eigene Ge-fühle, Gedanken und Assoziationen sowie Erfahrungen und Vorwissen zu Papier zu bringen.

Sprechen

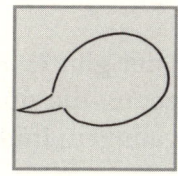

Religion ohne Sprache galt lange Zeit als undenkbar. Ge-sprochenes Wort und Glaube gehörten untrennbar zu-sammen. Hier geht es darum, im Austausch mit anderen religiöse Inhalte zu erschließen, Erfahrungen und Vorerfahrungen aus-zutauschen und Gehörtes zu überprüfen.

Basteln/Gestalten

Basteln ist eine Möglichkeit, religiöse Inhalte zu bearbeiten oder zu erarbeiten, sie nachzuerleben oder nachzuempfinden. Trotz genauer Bastelanleitungen bleibt stets Raum für schöpferisch-kreative Gestaltungsformen. Mit dem praktisch-herstellenden, ästhetisch-gestaltenden Aspekt verbinden sich kreatives Denken, Eigeninitiative, Kommunikation und Interaktion. Die gestalterische Konkretion lässt Religion sichtbar werden.

Bei allen Bastelvorschlägen wurde auf eine leichte Durchführbarkeit sowie einen geringen Kosten- und Zeitaufwand geachtet. Fast alle Bastelformen können vom Gruppenleiter selbst variiert und auf andere Themen oder Altersgruppen übertragen werden.

Die Bastelarbeiten können vielfältige Einsatzmöglichkeiten finden, z. B. als Einstieg in eine Thematik und zur Wiederholung, Übung, Vertiefung oder Festigung.

Spielen

Im Spiel können, ebenso wie beim Basteln, religiöse Inhalte vertieft und inhaltlich durchdrungen werden. Die Kinder lernen Religion kennen, ohne sie als langweilig zu empfinden.

Singen

Religion soll lebendig sein. Dazu tragen die vorgestellten Lieder bei: Sie greifen Themenbereiche inhaltlich auf und vertiefen sie. Einige fordern geradezu dazu auf, sie in Bewegung umzusetzen.

Kochen

Hier gibt es Religion, die jedem schmeckt. Einfache Rezepte, die nur wenige Zutaten benötigen und garantiert gelingen, finden sich unter diesem Symbol.

1. Gottes Wort hören – die Bibel

1.1 Gleichnispuzzle

Thema:	*Gleichnisse*
	(biblische) Geschichten
Alter:	*ab ca. 8 Jahre*
Arbeitsweise:	*Einzel- und Gruppenarbeit*
Dauer:	*ca. 20 Minuten*
Material:	*beschriftete Wortkarten*
	evtl. Blanko-Wortkarten und Stifte
Vorbereitungen:	*Zu drei behandelten Gleichnissen werden je 5 Wortkarten vorbereitet. Oder es wird die Kopiervorlage verwendet.*

Hinführung

Bei dieser Methode sollen Inhalte von Geschichten erkannt und richtig zugeordnet werden.

Durchführung

- Die insgesamt 15 Karten werden mit der Schrift nach oben durcheinander in die Kreismitte gelegt.
- Der erste Teilnehmer nimmt eine Wortkarte heraus und legt sie am Rand ab.
- Ein anderer Teilnehmer soll nun eine weitere Wortkarte ablegen, die zu derselben Geschichte gehört. So werden die Karten der jeweiligen Geschichten geordnet. Gleichzeitig muss erkannt werden, um welche Geschichte es sich handelt.

Alternative 1

Die Geschichten werden mit Hilfe der Wortkarten (schriftlich) nacherzählt.

Alternative 2

Wer findet die Geschichten in der Bibel?

Alternative 3

Zu den Wortkarten werden passende Bilder gezeichnet.

Alternative 4

Die Wortkarten werden in die Reihenfolge gebracht, in der die Begriffe in der Geschichte vorkommen.

Alternative 5

Die Gruppenmitglieder stellen selbst Wortkarten zu Gleichnissen, Wundergeschichten etc. her und verfahren wie oben beschrieben.

Beispieltexte

Verlorener Sohn (Lukas 15, 11–32):
Vater, zurückkehren, Bruder, Erbe, Schweine
Verlorenes Schaf (Lukas 15, 4–7):
Hirte, suchen, Berge, Schafe, verlieren
Gleichnis vom großen Gastmahl (Matthäus 22, 1–14):
Fest, Gäste, Einladung, absagen, Knecht

Kopiervorlage Wortkarten

Vater	Fest	Bruder
Schweine	Erbe	Hirte
suchen	Berge	Schafe
verlieren	zurückkehren	Gäste
Einladung	absagen	Knecht

Kopiervorlage Blanko-Karten

1.2 Fünferleiste

Thema:	*Jakobsgeschichte*
	(biblische) Geschichten
Alter:	*ab ca. 10 Jahre*
Arbeitsweise:	*Gruppenarbeit*
Dauer:	*ca. 30 Minuten*
Material:	*Kopiervorlage*
	Stifte
Vorbereitungen:	*Kopiervorlagen in entsprechender Anzahl vervielfältigen*

Hinführung

Die Fünferleiste eignet sich dazu, zuvor Gehörtes und Erfahrenes spielerisch zu sichern.

Durchführung

*   Der Gruppenleiter teilt Kopiervorlagen aus, auf denen ein breiter Streifen, bestehend aus fünf Feldern, abgedruckt ist. In jedem Feld steht ein Begriff, der etwas mit der behandelten biblischen Geschichte zu tun hat.
*   Nun stellt der Gruppenleiter Fragen zum Thema. Findet der Teilnehmer die Antwort bzw. den Kernbegriff zur gestellten Frage auf seinem Streifen, darf er das Feld entweder ankreuzen oder ausmalen. Wer zuerst alle Felder angekreuzt bzw. ausgemalt hat, hat gewonnen.

Alternative

Mit Hilfe der Blankofelder erstellen die Gruppenmitglieder Wortkarten zu einer beliebigen (biblischen) Geschichte, um sich das Spiel selbst herzustellen.

Kopiervorlage Fünferleisten

Isaak	Rebekka	Zelt	Linsen	Leiter

Esau	Jagd	Segen	Onkel	Engel

Rahel	Lea	Zelt	Mutters Liebling	Stein

Laban	Linsen	Jagd	Haran	Segen

Jabbok	Esau	Israel	Onkel	Jakob

Isaak	Esau	Jagd	Mutters Liebling	Linsen

Kopiervorlage Blanko-Karten auf CD-ROM

1.2 Fünferleiste

Fragen zu den Fünferleisten

- Wie heißt der Vater von Jakob und Esau? (Isaak)
- Wie heißt die Mutter von Jakob und Esau? (Rebekka)
- Wie heißen die beiden Zwillingsbrüder? (Jakob, Esau)
- Wo hält sich Jakob am liebsten auf? (beim Zelt)
- Wofür interessiert sich Esau eher? (für die Jagd)
- Einmal kommt Esau hungrig von der Jagd nach Hause. Er verkauft Jakob sein Erstgeburtsrecht für ... (ein Linsengericht)
- Jakob erschleicht sich von seinem Vater den ... (Segen)
- Jakob flieht vor seinem Bruder zu seinem ... (Onkel)
- Wie heißt der Onkel von Jakob? (Laban)
- Müde von der Reise legt er seinen Kopf auf einen ... (Stein)
- In der Nacht träumt er von einer ... (Himmelsleiter)
- Wo kämpft Jakob mit einem Engel? (am Fluss Jabbok)
- Welchen Ehrennamen erhält Jakob nach dem Kampf am Jabbok? (Israel)
- Welche Wesen steigen auf dieser Leiter in Jakobs Traum auf und ab? (Engel)
- Rebekka mochte ihren Sohn Jakob lieber. Er war ... (Mutters Liebling)
- Wo lebt Laban? (Haran)
- Jakob verliebt sich in die jüngste Tochter seines Onkels. Wie heißt sie? (Rahel)
- Laban betrügt Jakob. Er gibt ihm seine ältere Tochter zur Frau. Diese heißt ... (Lea)

1. Gottes Wort hören – die Bibel

1.3   Fünf-W-Methode

Thema:	*(biblische) Geschichten*
Alter:	*ab ca. 13 Jahre*
Arbeitsweise:	*Einzel- und/oder Gruppen-arbeit*
Dauer:	*ca. 30 Minuten*
Material:	*Kopiervorlage*
	Stifte
Vorbereitungen:	*benötigtes Material bereitstellen*

Hinführung

Bei dieser Fünf-W-Methode geht es darum, mit den ersten vier W's (Wer? Was? Wann? Wo?) Fakten systematisch aus der Geschichte heraus zu lesen. Beim fünften W (Wir!) soll jeder Einzelne das herausfiltern, was der Text ihm persönlich sagt: Was bedeutet der Text für mich, heute, in meiner Situation? Welche Botschaft nehme ich aus dem Text für mich mit? Aber auch: Welche Fragen habe ich zum Text?

Durchführung

* Entweder wird der Text laut für alle vorgelesen und jedes Gruppen-mitglied liest ihn anschließend noch einmal leise für sich. Oder man beginnt direkt mit der Stillbeschäftigung anhand der Textvorlage. Hierfür sollte ausreichend Zeit zur Verfügung stehen.
* Die einzelnen Fakten werden in die Tabelle der Kopiervorlage einge-tragen.
* Nach einer gemeinsamen Besprechung können die Einzelergebnisse auf ein großes Gruppenplakat übertragen und zusammengefasst wer-den.

Alternative 1

Nachdem die Fragen Wann, Wo, Wer und Was beantwortet wurden, tragen die Gruppenmitglieder ihre Ergebnisse in einem kurzen Aus-tausch zusammen. Erst dann beantwortet jeder für sich das »Wir«. Auch diese Fragen und Ergebnisse werden dann in der Gruppe erörtert. Damit es sich auch tatsächlich um ein Wir und nicht um ein Ich handelt, kann dieser Teil auch im Gruppengespräch gemeinsam erarbeitet werden.

Alternative 2

Jeder beantwortet zunächst alle fünf W's alleine, und erst dann findet der Austausch in der Gruppe statt.

Weiterführung

Bei älteren Teilnehmern können die Ergebnisse der Textdurchdringung in einer kleinen Andacht zusammengefasst werden.

Arbeitsblatt

Texte erschließen nach der 5-W-Methode

(Biblische) Geschichte:_____

Wann?

Wo?

Wer?

Was?

Wir!

1.4 Entdeckungsreise

Thema:	*Bibel*
Alter:	*ab ca. 12 Jahre*
Arbeitsweise:	*Gruppenarbeit*
Dauer:	*ca. 40 Minuten*
Material:	*Bibeln*
	Textvorlagen
	Stifte
Vorbereitungen:	*benötigtes Material bereitstellen,*
	Arbeitsblätter in ausreichender Menge kopieren

Hinführung

Gerade Jugendliche empfinden die Bibel meist als langweilig, veraltet, verstaubt und öde. Vielen ist überhaupt nicht bekannt, welche spannenden und interessanten Texte sie beinhaltet. Überraschungen sind vorprogrammiert. Die Lust aufs Weiterlesen soll geweckt werden.

Durchführung

- Die Gruppenmitglieder lesen die Texte und entscheiden, ob der Text in der Bibel steht oder nicht.
- Die Gruppenmitglieder tauschen sich darüber aus, warum sie sich so entschieden haben.
- Nach der Auflösung werden die Bibelzitate nachgeschlagen und zusammen mit ihrem jeweiligen Kontext gelesen.

Kopiervorlage Arbeitsblatt (Auflösung s. CD-ROM)

Text	Steht in der Bibel?	Steht nicht in der Bibel?
Die gewaschene Sau wälzt sich wieder im Dreck.		
Die Tür dreht sich in ihrer Angel und der Faule in seinem Bett.		
Geh zur Ameise, du Fauler, betrachte ihr Verhalten, und werde weise!		
Der Mensch soll lernen, nur die Ochsen büffeln.		
Besser in einer Ecke des Daches wohnen als eine zänkische Frau im gemeinsamen Haus.		
Alle menschlichen Organe werden irgendwann müde, nur die Zunge nicht.		
Hengste sind sie geworden, feist und geil, jeder wiehert nach der Frau seines Nächsten.		
Guter Ruf ist kostbarer als großer Reichtum, hohes Ansehen besser als Silber und Gold.		
Tugend ist wie ein kostbarer Stein – am besten in einfacher Fassung.		
Im Traum schließt man viele Geschäfte ab, der Ungebildete macht viele Worte.		

Text	Steht in der Bibel?	Steht nicht in der Bibel?
Phantasie ist wichtiger als Wissen, denn Wissen ist begrenzt.		
Schön bist du, meine Freundin, ja du bist schön ... Dein Haar gleicht einer Herde von Ziegen.		
Wer glaubt, ein Christ zu sein, weil er die Kirche besucht, irrt sich. Man wird ja auch kein Auto, wenn man in eine Garage geht.		

1.5 Bibelspeisung

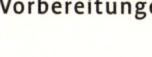

Thema:	*Bibel*
	(biblische) Geschichten
Alter:	*ab ca. 12 Jahre*
Arbeitsweise:	*Gruppenarbeit*
Dauer:	*50 Minuten*
Material:	*unbeschriftete Wortkarten*
	Papierstreifen
	Stifte
	Textvorlagen
	Meditationsmusik
	CD-Player
Vorbereitungen:	*benötigtes Material bereitstellen*

Hinführung

Eine Speise gibt uns Kraft und Stärke. Auch ein biblisches Wort kann uns stärken und kräftigen. Es kann uns (geistige) Nahrung sein und unser Wohlbefinden steigern. Die hier vorgestellte Methode ist eine Möglichkeit, sich intensiv mit biblischen Texten auseinanderzusetzen; sie lässt sich auf jeden Bibeltext anwenden.

Durchführung

- Der Gruppenleiter führt ein, z.B.: »Herr, wir sind jetzt hier zusammen, weil wir dein Wort hören wollen. Wir wollen es verstehen. Wir wollen es begreifen und in uns wirken lassen. Wir wollen gemeinsam nachdenken und überlegen, was du uns sagen möchtest. Wir wollen überlegen, wie wir deinen Willen in unserem Leben verwirklichen können. Sei du bei uns, wenn wir auf dein Wort hören, und schenke uns deinen Geist.«
  (Alternativ oder ergänzend kann auch ein – freies – Gebet gesprochen oder ein Lied gesungen werden.)
- Ein Gruppenmitglied liest den Text laut vor.
- Anschließend wird der Text nochmals von allen gemeinsam laut gelesen.
- Begleitet von meditativer Musik beschäftigen sich alle zunächst still mit dem Text, lassen ihn nachklingen und auf sich wirken.
- Jeder schreibt auf eine Karte ein Wort, welches ihm aus dem Text

besonders wichtig ist. Diese Wortkarten werden nacheinander laut vorgelesen und in der Kreismitte abgelegt.

- Zwischen den einzelnen Wörtern soll jeweils eine kurze Pause zur Besinnung liegen. Wiederholungen sind gewollt.
- Wenn ausreichend Platz vorhanden ist, können die Teilnehmer zwischen den Karten durch den Raum gehen und die Begriffe still »erwandern«.
- Nun können die Wortkarten auch auf ein Plakat geklebt werden.
- Danach schreibt jeder einen Satz aus dem Text auf, der ihn besonders anspricht oder bewegt. Es kann aber genauso gut ein Satz sein, der beim Teilnehmer Fragen aufwirft oder ihn zum Widerspruch anregt. Mit diesen Sätzen wird ebenso verfahren wie mit den Wortkarten. Auf ausreichende Zeit zwischen den einzelnen Vorträgen ist zu achten. Jeder einzelne Satz soll bewusst wahrgenommen und bedacht werden können. Auch die Satzstreifen werden in der Mitte abgelegt und eventuell später auf ein Plakat geklebt. Beides soll für die Teilnehmer gut sichtbar bleiben.
- Dann wird miteinander geschwiegen; jeder lässt seine Gedanken zu den Wortkarten und Satzstreifen kommen und gehen.
- Der Gruppenleiter legt die Satzstreifen im Raum verteilt auf dem Boden ab. Die Teilnehmer werden aufgefordert, einen Spaziergang zu machen und bei dem Satzstreifen, der ihnen besonders wichtig ist, lange stehen zu bleiben, bei weniger bedeutsamen Satzstreifen nur kurz zu verweilen. So bilden sich Gruppen, Begegnungen entstehen, stumme Zustimmung findet statt.
- Wenn jeder seinen wichtigsten Satz gefunden hat, wird der Text im Zusammenhang von einem Teilnehmer nochmals laut vorgetragen.
- Die Teilnehmer äußern sich jetzt spontan: Was hat mich im Text besonders angesprochen? Jede Aussage bleibt ohne Kommentar und Kritik stehen. Alles darf gesagt werden.
- Bei leiser Meditationsmusik überlegt jeder einzelne: Was hat dieser Text mit unserem/meinem Leben zu tun? Was will Gott uns/mir sagen? Welche Bedeutung kann dieser Text für unser/mein Leben gerade in der jetzigen Zeit haben? Danach werden die Gedanken laut ausgesprochen.
- Entweder fasst der Gruppenleiter diese Gedanken in einem Gebet für alle zusammen, oder jeder Teilnehmer bringt sich selbst mit einem Gedanken in ein freies Gebet ein.

1. Gottes Wort hören – die Bibel

1.6 Bibelredaktion

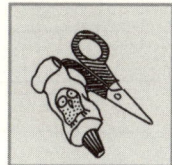

Thema:	*(biblische) Geschichten*
	Bartimäus
Alter:	*ab ca. 12 Jahre*
Arbeitsweise:	*Einzel- und Gruppenarbeit*
Dauer:	*ca. 30 Minuten*
Material:	*Kopiervorlagen in ausreichender Menge*
	Bunt- oder Filzstifte
Vorbereitungen:	*benötigtes Material bereitstellen,*
	Vorlagen in ausreichender Menge kopieren

Hinführung

Die hier vorgestellte Methode dient der Vertiefung und Weiterarbeit an biblischen Texten. Neue Gesichtspunkte kommen zur Sprache, Schwerpunkte werden gesetzt.

Durchführung

Die Gruppe sucht sich eine für sie interessante Geschichte heraus und überlegt, welchen Titel diese biblische Geschichte in unterschiedlichen Zeitungen tragen würde. So können Überschriften zu allen in den letzten Gruppenstunden besprochenen Bibelgeschichten gefunden werden.

Alternative

Die Gruppenmitglieder suchen zu den (biblischen) Geschichten jeweils nur die Überschriften eines Zeitungstyps.

Kopiervorlage

Biblische Geschichte	Bild-Zeitung	Tages-zeitung	Bravo	Ärzteblatt	Christliche Zeitung	Wissen-schafts-magazin

Beispiel

Biblische Geschichte	Bild-Zeitung	Tages-zeitung	Bravo	Ärzteblatt	Christliche Zeitung	Wissen-schafts-magazin
Der blinde Bartimäus	Wunder-heilung: Blinder kann wieder sehen	Barti-mäus hat endlich wieder den Durch-blick	Jesus helps Barti-mäus	Alternative Heil-methode im Bereich der Augen-heilkunde entdeckt	Jesus wirkt sichtbares Wunder am blinden Bartimäus	Neue Erkennt-nisse über Blindheit

1.7 Bibelmandala

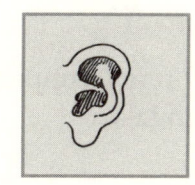

Thema:	*Bibelstellen finden*
	Tiere in der Bibel
	Pflanzen in der Bibel
	Orte in der Bibel
	Gleichnisse
Alter:	*ab ca. 11 Jahre*
Arbeitsweise:	*Einzel- oder Gruppenarbeit*
Dauer:	*ca. 40 Minuten*
Material:	*pro Teilnehmer oder Gruppe je eine Bibel*
	Buntstifte
	Kopiervorlagen
Vorbereitungen:	*benötigtes Material bereitstellen,*
	Vorlagen in ausreichender Zahl kopieren

Hinführung

Das Wort »Mandala« kommt aus dem Sanskrit und bedeutet Kreis. Es bezeichnet ein kreisförmiges oder quadratisches Bild mit einer deutlich erkennbaren Mitte, auf die sich alles konzentriert. Vor allem in hinduistischen und buddhistischen Kulturen werden Mandalas zu religiösen Zwecken eingesetzt und zur Meditation genutzt. Das Malen von Mandalas ist eine sehr konzentrierte Tätigkeit. Hier wird diese verbunden mit dem Auffinden und Lesen von Bibelstellen. Die Mitte bildet jeweils eine Kreuzform.

Durchführung

- Jeder Teilnehmer erhält ein Mandala zu einem Themengebiet. In jedem Feld ist eine Bibelstelle angegeben.
- Die Gruppenmitglieder suchen die Bibelstelle heraus und schreiben das zum Themenfeld gesuchte Wort unter die entsprechende Bibelstelle.
- Für jedes gefundene Wort darf das betreffende Feld ausgemalt werden.

Alternative 1

Es werden mehrere Gruppen gebildet; jede Gruppe bearbeitet ein anderes Themenmandala.

Alternative 2

Der Gruppenleiter oder die Gruppenmitglieder schreiben in ein Mandala selbst Bibelstellen, die gesucht werden müssen.

Alternative als Wettspiel

Die Gruppe wird in zwei Mannschaften eingeteilt. Der Spielleiter liest einen Bibelvers vor; die Mannschaften müssen so schnell wie möglich diese Bibelstelle finden. Wer die Stelle als erstes vorliest, darf ein Feld auf dem vergrößerten Gruppenmandala ausmalen. Die Mannschaft, die ihr Mandala als erste fertig ausgemalt hat, ist Sieger. Wird eine falsche Bibelstelle vorgelesen, darf die gegnerische Mannschaft sich zusätzlich ein Feld anmalen.

Kopiervorlagen Mandalas

Die Kopiervorlagen mit den Auflösungen für die Mandalas finden sich auf der CD-ROM.

16 = Tiere in der Bibel

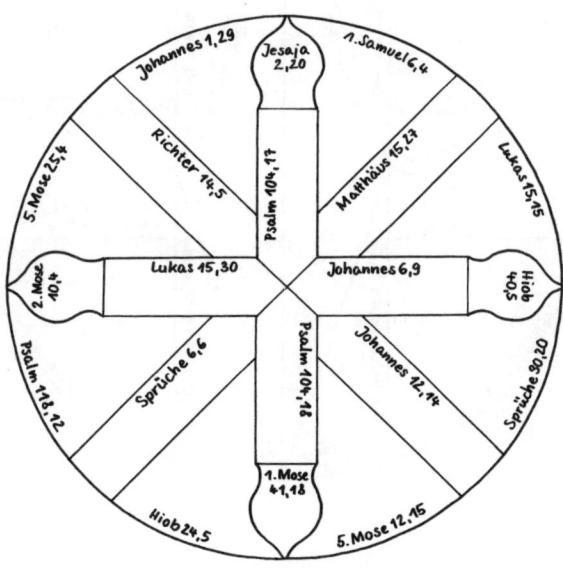

17 = Pflanzen in der Bibel

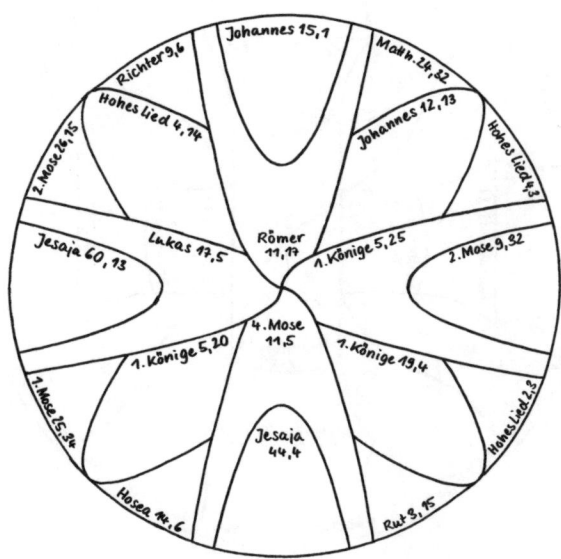

18 = Orte der Bibel

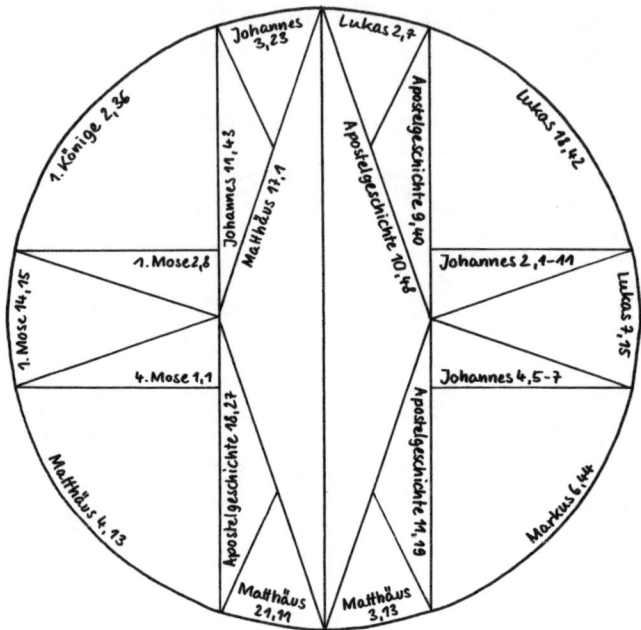

19 = Gleichnisse

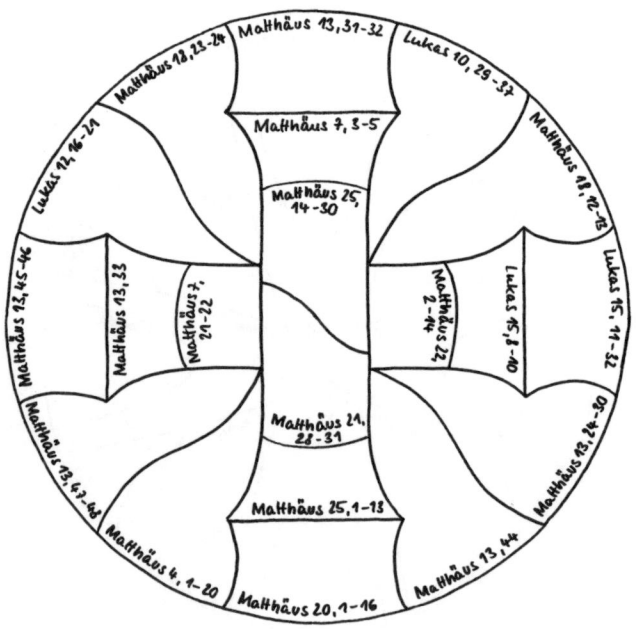

1. Gottes Wort hören – die Bibel

1.8   Bibellesezeichen

Thema:	*Vaterunser*
	Glaubensbekenntnis
	Psalm
Alter:	*ab ca. 5 Jahre*
Arbeitsweise:	*Einzelarbeit*
Dauer:	*ca. 30 Minuten*
Material:	*Scheren*
	Klebstoff
	Buntstifte
	evtl. Laminierfolie und Laminiergerät
	Locher
	Kopiervorlage »Lesezeichen«
	Geschenkbänder, Perlen o.ä. zum Verzieren
Vorbereitungen:	*benötigtes Material bereitstellen,*
	Vorlage entsprechend der Teilnehmerzahl kopieren

Hinführung

Die Lesezeichen sind als Merkhilfe für die wichtigsten Texte des Christentums gedacht. Als individuelles Lesezeichen sind sie eine Ermutigung für zwischendurch. Sie sind Geschenk und Wegbegleiter – und eben Lesezeichen bei der täglichen Bibellektüre.

Durchführung

- Die Lesezeichen werden individuell ausgestaltet, bemalt und laminiert. Wer kein Laminiergerät hat, klebt sie auf feste Pappe und schneidet sie entlang der Linie aus. Oben wird mit dem Locher ein Loch hinein gestanzt. Durch dieses Loch kann ein Band gezogen werden. Wer möchte, fädelt noch eine Perle auf das Band und verknotet es.
- Die Blankovorlage kann mit einem beliebigen Spruch beschriftet und gestaltet werden.

Glaubensbekenntnis-Lesezeichen

Ich glaube an Gott, den
Vater,
den Allmächtigen,
den Schöpfer des Himmels
und der Erde.
Und an Jesus Christus,
seinen eingeborenen Sohn,
unsern Herrn,
empfangen durch den
Heiligen Geist,
geboren von der Jungfrau
Maria,
gelitten unter Pontius
Pilatus,
gekreuzigt, gestorben und
begraben,
hinabgestiegen in das
Reich des Todes,
am dritten Tage auferstanden von den Toten,
aufgefahren in den
Himmel;
er sitzt zur Rechten Gottes,
des allmächtigen Vaters,
von dort wird er kommen,
zu richten die Lebenden
und die Toten.
Ich glaube an den Heiligen
Geist,
die heilige christliche
Kirche,
Gemeinschaft der
Heiligen,
Vergebung der Sünden,
Auferstehung der Toten
und das ewige Leben.
Amen.

Vaterunser-Lesezeichen

Vater unser im Himmel,
geheiligt werde dein Name.
Dein Reich komme.
Dein Wille geschehe,
wie im Himmel so auf
Erden.
Unser tägliches Brot gib uns
heute.
Und vergib uns unsere
Schuld,
wie auch wir vergeben
unseren Schuldigern.
Und führe uns nicht in Versuchung,
sondern erlöse uns von dem
Bösen.
Denn dein ist das Reich und
die Kraft
und die Herrlichkeit
in Ewigkeit. Amen.

1.9 Bibelkarton

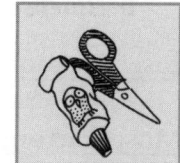

Thema:	*(biblische) Geschichten*
Alter:	*ab ca. 5 Jahre*
Arbeitsweise:	*Einzel- oder Gruppenarbeit*
Dauer:	*ca. 30 Minuten*
Material:	*leere Schuhkartons*
	Scheren
	Klebstoff
	Papier
	Stifte
	je nach Thema verschiedene Gebrauchsgegenstände
	evtl. Kopiervorlage
Vorbereitungen:	*benötigtes Material bereitstellen*

Hinführung

Diese Methode eignet sich ebenso zur Erarbeitung und Durchdringung einer Geschichte wie auch zur Erinnerung. Die Gruppe setzt sich kreativ mit einer (biblischen) Geschichte auseinander.

Durchführung

- Die Gruppenmitglieder füllen einzeln oder in Gruppen je einen Karton zur biblischen Geschichte. Dieser hilft dabei, die Geschichte nachzuerzählen.
- Fragen, die zu einzelnen Gegenständen gestellt werden, ermöglichen es, noch tiefer in die Geschichte einzudringen. Beispiel: »Was hat denn … mit der Geschichte zu tun?«
- Die äußere Gestaltung des Kartons gibt ebenfalls eindeutige Hinweise auf die Geschichte.

Alternative 1

Ein Gruppenmitglied füllt einen Karton zu einer ihm bekannten biblischen Geschichte. Nacheinander werden die einzelnen Gegenstände aus dem Karton genommen, und die Gruppenmitglieder äußern ihre Vermutungen dazu. Sie sollen erraten, um welche biblische Geschichte es sich handelt.

Beispiele

Josefskarton: Lehm, Ziegelstein, Kette, (Silber-)Becher, Pyramiden-
                modell, kostbarer Stoff
Moseskarton: Körbchen, Leinentuch, Ton
Jesuskarton: »Jesuslatschen«, Fußabdruck, Eierschale, Brot, Kelch,
                Bibel
Bibelkarton: Schiffsmodell, Stroh, Seil, Kreuz, Netz, Stein, Dornen-
                krone, Brot

Alternative 2

Der Gruppenleiter füllt nicht einen Karton zu einer bestimmten biblischen Geschichte, sondern zu mehreren bereits besprochenen biblischen Geschichten. An jedem Gegenstand befindet sich ein Zettel, so dass die dazugehörige Bibelstelle nachgelesen werden kann. Freie Assoziationen zu den Gegenständen sind gewünscht.

1.10 Arche Noah – Tierpaare

 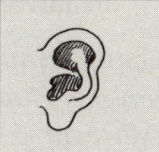

Thema:	*Noah*
Alter:	*ab ca. 5 Jahre*
Arbeitsweise:	*Gruppenarbeit*
Dauer:	*ca. 30 Minuten*
Vorlesedauer:	*2 Minuten*
Material:	*Bild- oder Wortkärtchen*
Vorbereitungen:	*Textvorlage bereitlegen,*
	Wort- oder Bildkarten herstellen

Hinführung

Die Geschichte von Noahs Arche (Genesis/1 Mose 6–9) erzählt von der Sintflut als Bedrohung für Menschen und Tiere. Sie zeigt die Abhängigkeit und Unsicherheit der Menschen, gibt aber zugleich auch ihre Bosheit als Grund für Gottes Handeln an. Dieser menschliche Aspekt findet seinen Höhepunkt darin, dass nur einer von ihnen, Noah, mit seiner Familie verschont bleibt. Er baut für seine Familie und die Tiere die rettende Arche.

Durchführung

• Mit Stühlen wird der Eingang zur Arche nachgebaut.
• Der Gruppenleiter verteilt an jedes Mitglied eine Wort- oder Bildkarte mit einem Tiernamen oder Tierbild.
• Jeder Teilnehmer schaut sich seine Karte an und wird zu dem bezeichneten Tier auf der Karte. Die Karten werden vom Leiter wieder eingesammelt.
• Auf ein gemeinsames Zeichen hin beginnen die Teilnehmer die Stimme ihres Tieres nachzumachen. Auf diese Weise soll jedes Tier seinen Partner finden.
• Paarweise gehen die Tiere dann in die Arche und lassen sich dort nieder, bis alle Pärchen in der Arche sind.

Variante

Zusätzlich zu den Tierstimmen machen die Teilnehmer auch die Fortbewegungsart oder andere Bewegungen der Tiere nach.

Erzählvorschlag: Arche Noah

Gott ist traurig. Er ist traurig, darüber, dass die Menschen sich nicht mehr um das Gute kümmern. Sie sind nur noch darauf bedacht, dass es ihnen selbst gut geht. Gott bereut, dass er die Menschen erschaffen hat.

Nur Noah lebt nach dem Willen Gottes. In der Nacht, als sich Noah zum Schlafen hingelegt hat, hat er einen Traum. In diesem Traum spricht Gott mit ihm: »Hör zu, Noah. Du siehst selbst, dass die Menschen nicht gut sind. So kann es nicht weitergehen mit den Menschen und der Welt. Deshalb wird eine große Flut über sie hereinbrechen und alles wird untergehen. Aber dich, Noah, deine Frau und deine drei Söhne Sem, Ham und Jafet und deren Familien will ich retten. Deshalb bau dir ein großes Schiff aus Tannenholz mit drei Stockwerken und einem Dach. Damit das Leben erhalten bleibt, nimm von allen Tieren je ein Männchen und ein Weibchen mit.«

Als Noah aufwacht, ist er ziemlich durcheinander. Was sollte dieser Traum? Trotzdem gehorcht er Gott. Er baut ein Schiff, so wie Gott es gesagt hat, mit drei Stockwerken und einem Dach. Er nimmt Futter für die Tiere und Essen für seine Familie mit. Dann gehen die Tierpaare und seine Familie auf das Schiff. Die Tür schließt sich.

Nach sieben Tagen fallen die ersten Regentropfen. Der Regen wird stärker und stärker, Blitz und Donner kommen hinzu. Das Schiff schaukelt auf den riesigen Wassermassen, die das ganze Land überfluten. Es regnet vierzig Tage und vierzig Nächte ununterbrochen. Nach den vierzig Tagen tröpfelt es nur noch und schließlich hört es ganz auf zu regnen. Das Wasser sinkt wieder langsam ab.

Noah öffnet die Dachluke und lässt eine Taube hinausfliegen. »Wenn sie Land findet, wird sie nicht zurückkommen«, denkt Noah. Aber die Taube kommt schon bald zurück – mit einem Zweig vom Ölbaum im Schnabel. Dreimal lässt er die Taube hinausfliegen. Beim dritten Mal kommt sie nicht mehr zurück. Da ist sich Noah sicher: Die Flut ist vorüber. Er öffnet die Schiffstür und geht mit seiner Familie und den Tieren an Land. Als sie wieder festen Boden unter den Füßen haben, sehen sie einen Regenbogen am Himmel stehen. Er leuchtet in allen Farben und sieht aus wie eine Brücke zwischen Himmel und Erde. Gott sagt zu Noah: »Ich will einen Bund mit dir, den Menschen und den Tieren schließen. Ich werde nie wieder eine Flut schicken. Solange die Erde steht, sollen Saat und Ernte, Frost und Hitze, Sommer und Winter, Tag und Nacht nicht aufhören. Als Zeichen für dieses

Versprechen habe ich meinen Regenbogen in die Wolken gesetzt. Immer wenn es regnet und danach die Sonne wieder scheint, werdet ihr den Regenbogen sehen und an unseren Bund denken.«

1.11 Wir sind ein Leib

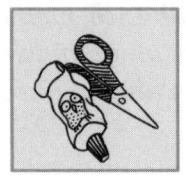

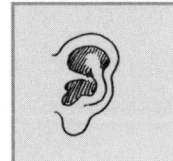

Thema:	*Paulus*
	1 Korinther 12, 12–27
Alter:	*ab ca. 9 Jahre*
Arbeitsweise:	*Einzel- oder Gruppenarbeit*
Dauer:	*ca. 30 Minuten*
Material:	*Stifte*
	Schere, Klebstoff
	Pappkarton
	Kopiervorlage Gliederpuppe
	Beutelklammern
Vorbereitungen:	*Kopiervorlage vervielfältigen,*
	benötigtes Material bereitstellen

Hinführung

Diese Übung und Bastelarbeit soll das Zitat aus dem Paulusbrief an die Korinther veranschaulichen.

Durchführung

- Die Gruppenmitglieder lesen 1 Korinther 12, 12–27 und besprechen den Inhalt: Was bedeutet es, die Gemeinde mit einem Leib zu vergleichen, der aus vielen Gliedern besteht?
- Der Gruppenleiter legt nach und nach die vergrößerten und ausgeschnittenen Teile einer Gliederpuppe in die Mitte. Die Teilnehmer äußern sich zunächst zu der Fragestellung: Warum ist dieser Körperteil für den menschlichen Körper wichtig? Danach beantworten sie die Frage, was sie mit diesem Körperteil besonders gut können (z. B. Arm: Klimmzüge machen).
- Liegen alle Körperteile in der Mitte, legen die Gruppenmitglieder sie zu einer Figur zusammen.
- Nacheinander darf jeweils ein Gruppenmitglied ein Körperglied entfernen. Die Gruppe lässt den Anblick auf sich wirken und fragt sich, was das für den gesamten Leib bedeutet.
- Abschließend klebt jeder die Vorlage auf feste Pappe, schneidet die Teile der Gliederpuppe aus und fügt sie mit Beutelklammern zusammen. In jedes Körperteil schreiben die Gruppenmitglieder hinein, was sie damit gut können. Auf die Rückseite wird das Pauluszitat »Ihr

aber seid der Leib Christi, und jeder Einzelne ist ein Glied an ihm«
geschrieben. Diese Gliederpuppe kann jeder als Erinnerung mit nach
Hause nehmen.

Kopiervorlage Gliederpuppe

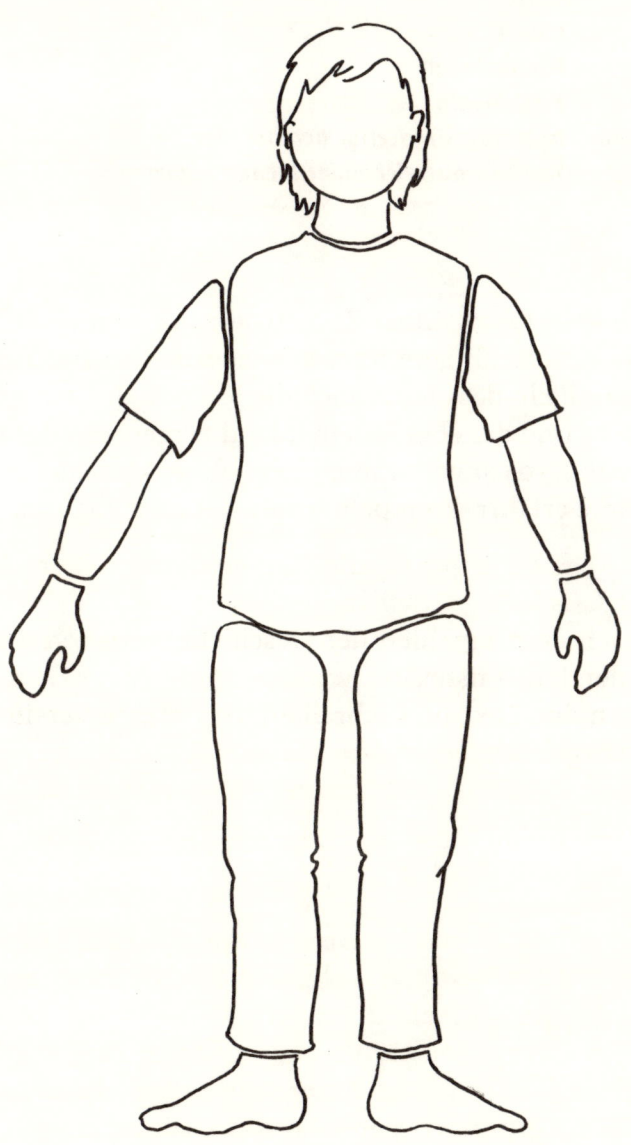

1.12 Unsinnstext

Thema:	*Zachäus (Lk 19,1–10)*
	(biblische) Geschichten
Alter:	*ab ca. 5 Jahre*
Arbeitsweise:	*Einzel- oder Gruppenarbeit*
Dauer:	*ca. 30 Minuten*
Material:	*Stifte*
	Papier
	Textvorlagen
	evtl. Bibeln
Vorbereitungen:	*benötigtes Material bereitstellen,*
	Texte in ausreichender Menge kopieren

Hinführung

Die Geschichte vom Oberzöllner Zachäus erzählt von einer besonderen Begegnung, die gerade Jüngere immer wieder fasziniert. Für sie ist die Botschaft verständlich, dass Jesus auch die Kleinen in einer großen Menge nicht übersieht und dass bei ihm niemand vergessen oder verloren ist. Zachäus wird von Jesus angenommen, obwohl er Unrecht getan hat. Als er diese Annahme erfährt, krempelt er sein Leben völlig um.

Durchführung

- Vor oder nach dem Erzählen der Geschichte erhalten die Gruppenmitglieder den Unsinnstext.
- Sie entwirren den Text und schreiben die richtige Version auf. Diese wird dann vorgelesen.

Jesus im Zöllner des Hauses Zachäus

1 Dann kam er nach Stadt und ging durch die Jericho.

2 Dort namte ein Mann wohnens Zachäus; er war der reichste Zoll-pächter und war sehr ober.

3 Er sehte gern wollen, wer dieser Jesus sei, doch die Sicht versperrte ihm die Menschenmenge; denn er war klein.

4 Darum stieg er voraus und lief auf einen Maulbeerfeigenbaum, um Jesus zu vorbeikommen, der dort sehen musste.

5 Als Jesus an die Stelle schaute, sagte er hinauf und kam zu ihm: Zachäus, komm schnell herunter. Denn ich sein heute in deinem Haus zu Gast muss.

6 Da nahm er schnell herunter und stieg Jesus freudig bei sich auf.

7 Als die Leute das empörten, sagten sie sich und sahen: Sünder ist bei einem er eingekehrt.

8 Herr aber wandte sich an den Zachäus und sagte: Herr, die Ver-mögens meines Armens will ich den Hälften geben, und wenn ich von jemand zu viel gegeben habe, fordere ich ihm das Vierfache zurück.

9 Da sagte ihm zu Jesus: Heute ist diesem Heil das Haus geschenkt worden, weil auch dieser Abraham ein Sohn Mannes ist.

10 Denn der Menschensohn ist gesuchen, um zu kommen und zu ver-loren, was zu retten ist.

Kopiervorlage Lösungstext auf CD-ROM

Weiterführung

Die Gruppenmitglieder spielen die Geschichte nach. Dabei wird im Hause des Zachäus tatsächlich der Tisch gedeckt, alle setzen sich an diesen Tisch, beten gemeinsam, teilen das Essen miteinander und erfahren Gemeinschaft. Dies geschieht eingebunden in die Geschichte.

1.13 Turmbau zu Babel

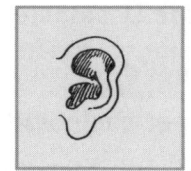

Thema:	*Turmbau zu Babel*
	Gen 11, 1–9
Alter:	*ab ca. 12 Jahre*
Arbeitsweise:	*Gruppenarbeit*
Dauer:	*ca. 40 Minuten*
Material:	*Bibel*
	Textvorlagen (vergrößert kopiert)
	Klebstoff
	Papier
	Stifte
	Plakatkarton
Vorbereitungen:	*benötigtes Material bereitstellen*

Hinführung

Die Geschichte vom Turmbau zu Babel (Genesis/1 Mose 11, 1–9) ist Teil der Geschichte vom Sündig-Werden der Menschen (Genesis/1 Mose 1–11). Sie liefert die Erklärung dafür, warum Menschen die Sprache des anderen nicht mehr verstehen und in die Welt verstreut sind. Ursache hierfür sind das Streben der Menschen in den Himmel und ihr Machbarkeitswahn. Sie wollen sich selbst erhöhen, statt dem Willen Gottes zu folgen.

Durchführung

• Die Kinder schneiden einzelne Worte als Bausteine aus dem größer kopierten Text heraus.
• Mit diesen »Bausteinen« wird in Gruppenarbeit ein Turm geklebt.
• Als Variante bietet es sich an, einmal einen einfallenden oder einen besonders standfesten Turm (Was bringt einen Turm zum Fallen? Was hält einen Turm zusammen? Welche Worte wähle ich hierfür jeweils aus?) zu bauen.

Alternative

Jeweils zwei Kinder stehen einander in einer Entfernung von ca. 10 Metern gegenüber. Der eine Partner erhält einen Textabschnitt vom Turmbau zu Babel, der andere Papier und einen Stift. Auf das Startzeichen des

Gruppenleiters hin diktieren die Partner, die den Text haben, diesen ihrem Gegenüber. Die Partner müssen versuchen, das Diktierte aufzuschreiben. Da jedes Paar einen anderen Textabschnitt hat und man verschiedene Stimmen laut nebeneinander hört, werden die aufgeschriebenen Texte kaum mit dem diktierten Text übereinstimmen. So wird der Sprachwirrwarr bereits vor der Behandlung der Geschichte anschaulich.

Textvorlage (Gen 11,1–9):

Alle Menschen hatten die gleiche Sprache und gebrauchten die gleichen Worte. Als sie von Osten aufbrachen, fanden sie eine Ebene im Land Schinar und siedelten sich dort an. Sie sagten zueinander: Auf, formen wir Lehmziegel, und brennen wir sie zu Backsteinen. So dienten ihnen gebrannte Ziegel als Steine und Erdpech als Mörtel. Dann sagten sie: Auf, bauen wir uns eine Stadt und einen Turm mit einer Spitze bis zum Himmel, und machen wir uns damit einen Namen, dann werden wir uns nicht über die ganze Erde zerstreuen. Da stieg der Herr herab, um sich Stadt und Turm anzusehen, die die Menschenkinder bauten. Er sprach: Seht nur, *ein* Volk sind sie, und *eine* Sprache haben sie alle. Und das ist erst der Anfang ihres Tuns. Jetzt wird ihnen nichts mehr unerreichbar sein, was sie sich auch vornehmen. Auf, steigen wir hinab, und verwirren wir dort ihre Sprache, so dass keiner mehr die Sprache des anderen versteht. Der Herr zerstreute sie von dort aus über die ganze Erde, und sie hörten auf, an der Stadt zu bauen. Darum nannte man die Stadt Babel (Wirrsal), denn dort hat der Herr die Sprache aller Welt verwirrt, und von dort aus hat er die Menschen über die ganze Erde zerstreut.

1.14 Psalm-Memory

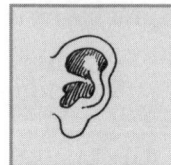

Thema:	*Psalm 18*
Alter:	*ab ca. 10 Jahre*
Arbeitsweise:	*Einzelarbeit – oder Gruppenarbeit*
Dauer:	*ca. 30 Minuten*
Material:	*Farbstifte*
	Kopiervorlagen, ggf. auf stärkerem Papier
Vorbereitungen:	*benötigtes Material bereitstellen*

Hinführung

In den Psalmen kommt unser ganzes Leben in seiner gesamten Höhe und Tiefe und Länge und Breite vor. Die ganze Vielfalt begegnet uns in den Psalmen. Alle Lebenslagen und -situationen finden irgendwo Eingang in diese biblischen Gebete.

Durchführung

- Nach Besprechung des Psalms erhalten die Teilnehmer die Kopiervorlage. Darin sind die Textzeilen des Psalms vorgegeben.
- Die Teilnehmer malen zu den Texten ihre eigenen Bildinterpretationen.
- Wer möchte, schneidet die Bild- und Textkarten auseinander und spielt mit einem Partner Memory. Hierbei muss zu einem aufgedeckten Bild der passende Text gefunden werden und umgekehrt.

Weiterführung

Die Gruppe überlegt sich einen Kehrvers, der nach jeder Strophe gemeinsam gesprochen werden kann. Ein Gruppenmitglied liest dann die Strophen vor und die Gruppe stimmt gemeinsam in den Kehrvers ein.

Der Kehrvers kann auch ein Satz aus der Psalmvorlage sein. Wer möchte, schreibt ihn in die Kopiervorlage. Ein mögliches Beispiel (Psalm 18, 29–36):

Du, Herr, lässt meine Leuchte erstrahlen, mein Gott macht meine Finsternis hell.

Mein Gott ist stets bei mir.

Mit dir erstürme ich Wälle, mit meinem Gott überspringe ich Mauern.

Mein Gott ist stets bei mir.

Vollkommen ist Gottes Weg, das Wort des Herrn ist im Feuer geläutert.

Mein Gott ist stets bei mir.

Ein Schild ist er für alle, die sich bei ihm bergen.

Mein Gott ist stets bei mir.

Denn wer ist Gott als allein der Herr, wer ist ein Fels, wenn nicht unser Gott?

Mein Gott ist stets bei mir.

Gott hat mich mit Kraft umgürtet, er führte mich auf einen Weg ohne Hindernis.

Mein Gott ist stets bei mir.

Er ließ mich springen schnell wie Hirsche, auf hohem Weg ließ er mich gehen.

Mein Gott ist stets bei mir.

Er lehrte meine Hände zu kämpfen, meine Arme, den ehernen Bogen zu spannen.

Mein Gott ist stets bei mir.

Du gabst mir deine Hilfe zum Schild, deine Rechte stützt mich; du neigst dich mir zu und machst mich groß.

Mein Gott ist stets bei mir.

Alternative

Die Gruppenmitglieder kleben Text und Bild als Leporello zusammen.

Du, Herr, lässt meine Leuchte erstrahlen, mein Gott macht meine Finsternis hell.	
	Mit dir erstürme ich Wälle, mit meinem Gott überspringe ich Mauern.
Vollkommen ist Gottes Weg, das Wort des Herrn ist im Feuer geläutert.	
	Ein Schild ist er für alle, die sich bei ihm bergen.
Denn wer ist Gott als allein der Herr, wer ist ein Fels, wenn nicht unser Gott?	
	Gott hat mich mit Kraft umgürtet, er führte mich auf einen Weg ohne Hindernis.
Er ließ mich springen schnell wie Hirsche, auf hohem Weg ließ er mich gehen.	
	Er lehrte meine Hände zu kämpfen, meine Arme, den ehernen Bogen zu spannen.
Du gabst mir deine Hilfe zum Schild, deine Rechte stützt mich; du neigst dich mir zu und machst mich groß.	

1. Gottes Wort hören – die Bibel

1.15 Psalm 91

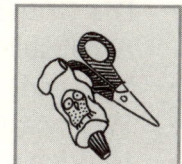

Thema:	Psalm 91
	Engel
Alter:	ab ca. 6 Jahre
Arbeitsweise:	Einzel- und Gruppenarbeit
Dauer:	ca. 30 Minuten
Material:	Kopiervorlage
	Schere
	Klebstoff
	Stifte
	Tonpapier
Vorbereitungen:	benötigtes Material bereitstellen,
	Vorlage und Leseblatt in ausreichender Anzahl kopieren

Hinführung

Engel werden (auch in nichtchristlichen Kreisen) als Motiv bzw. Symbol immer beliebter. Von vielen Gebrauchsgegenständen blicken sie uns entgegen. Jeder kennt die himmlischen Wesen, die uns in der Bibel als Boten Gottes begegnen. Sie reden und handeln an Stelle dessen, der sie gesandt hat. Engel haben uns z. B. die Geburt unseres Herrn angekündigt.

Sie sind zugleich gute Mächte (wie es bei Bonhoeffer heißt) und zeigen das unsichtbare Wirken Gottes unter uns. So ist auch Psalm 91 zu einem der beliebtesten Taufsprüche geworden:

»Er hat seinen Engeln befohlen, dass sie dich behüten auf allen deinen Wegen, dass sie dich auf den Händen tragen und du deinen Fuß nicht an einen Stein stößt.« (Psalm 91, 11–12)

Eltern wollen für ihre Kinder diesen unsichtbaren Engel (einen Schutzengel) erbitten.

Alleine im Alten Testament begegnet uns der Begriff »Engel« über 200 Mal. Mit Hilfe einer Konkordanz findet man alle Stellen, an denen das Wort in der Bibel vorkommt.

Durchführung

• Die Teilnehmer denken darüber nach, dass es auch sichtbare Engel gibt. Wir nennen sie Boten Gottes. Wie kann auch ich zu einem Engel für einen anderen Menschen werden?

- Die Gruppe liest einige Textstellen, in denen Engel auftauchen (siehe Arbeitsblatt). Welche Rolle haben Engel im jeweiligen Text?
- Was bedeuten Engel für mich, wie stelle ich mir Engel vor?
- Wer war für mich schon mal ein Engel?
- War ich schon mal für jemanden ein Engel?
- Der Engel wird, entsprechend der Vorlage, auf Tonpapier übertragen, ausgeschnitten und entlang der gestrichelten Linie gefaltet. Die Arme werden nach vorne geknickt. Der Engel kann aufgestellt oder als Karte verschickt werden. Auf die Innen- oder Außenseite kann man entweder Psalm 91 oder einen anderen Bibelvers (siehe Leseblatt) schreiben.

1. Gottes Wort hören – die Bibel

Engel in der Bibel

Schlage die angegebenen Bibelstellen nach. Schreibe die Texte auf. Markiere das Wort »Engel« im Text farbig.

1 Korinther 13,1

_____

_____

Hebräer 13,2

_____

_____

1 Timotheus 5,21

_____

_____

Genesis (1 Mose) 28,12

_____

_____

Psalm 91,11–12

_____

_____

Exodus (2 Mose) 3,2

_____

_____

Psalm 34,8

_____

_____

Leseblatt

Bibelstellen mit Textangaben:

Genesis (1 Mose) 16, 7–11

7 Der *Engel des Herrn* fand Hagar an einer Quelle in der Wüste, an der Quelle auf dem Weg nach Schur. 8 Er sprach: Hagar, Magd Sarais, woher kommst du, und wohin gehst du? Sie antwortete: Ich bin meiner Herrin Sarai davongelaufen. 9 Da sprach der *Engel des Herrn* zu ihr: Geh zurück zu deiner Herrin, und ertrag ihre harte Behandlung! 10 Der *Engel des Herrn* sprach zu ihr: Deine Nachkommen will ich so zahlreich machen, dass man sie nicht zählen kann. 11 Weiter sprach der *Engel des Herrn* zu ihr: Du bist schwanger, du wirst einen Sohn gebären und ihn Ismael (Gott hört) nennen; denn der Herr hat auf dich gehört in deinem Leid.

Genesis (1 Mose) 22, 11–17

11 Da rief ihm der *Engel des Herrn* vom Himmel her zu: Abraham, Abraham! Er antwortete: Hier bin ich. 12 Jener sprach: Streck deine Hand nicht gegen den Knaben aus, und tu ihm nichts zuleide! Denn jetzt weiß ich, dass du Gott fürchtest; du hast mir deinen einzigen Sohn nicht vorenthalten. 13 Als Abraham aufschaute, sah er: Ein Widder hatte sich hinter ihm mit seinen Hörnern im Gestrüpp verfangen. Abraham ging hin, nahm den Widder und brachte ihn statt seines Sohnes als Brandopfer dar. 14 Abraham nannte jenen Ort Jahwe-Jire (Der Herr sieht), wie man noch heute sagt: Auf dem Berg lässt sich der Herr sehen.
15 Der *Engel des Herrn* rief Abraham zum zweiten Mal vom Himmel her zu 16 und sprach: Ich habe bei mir geschworen – Spruch des Herrn: Weil du das getan hast und deinen einzigen Sohn mir nicht vorenthalten hast, 17 will ich dir Segen schenken in Fülle und deine Nachkommen zahlreich machen wie die Sterne am Himmel und den Sand am Meeresstrand. Deine Nachkommen sollen das Tor ihrer Feinde einnehmen.

Genesis (1 Mose) 28, 12

Da hatte Jakob einen Traum: Er sah eine Treppe, die auf der Erde stand und bis zum Himmel reichte. Auf ihr stiegen *Engel Gottes* auf und nieder.

Exodus (2 Mose) 3, 2

Dort erschien dem Moses der *Engel des Herrn* in einer Flamme, die aus einem Dornbusch emporschlug.

Numeri (4 Mose) 22, 21–35

21 Am Morgen stand Bileam auf, sattelte seinen Esel und ging mit den Hofleuten aus Moab. 22 Aber Gott wurde zornig, weil Bileam mitging, und der *Engel des Herrn* trat Bileam in feindlicher Absicht in den Weg, als Bileam, begleitet von zwei jungen Männern, auf seinem Esel dahinritt. 23 Der Esel sah den *Engel des Herrn* auf dem Weg stehen, mit dem gezückten Schwert in der Hand, und er verließ den Weg und wich ins Feld aus. Da schlug ihn Bileam, um ihn auf den Weg zurückzubringen. 24 Darauf stellte sich der *Engel des Herrn* auf den engen Weg zwischen den Weinbergen, der zu beiden Seiten Mauern hatte. 25 Als der Esel den *Engel des Herrn* sah, drückte er sich an der Mauer entlang und drückte dabei das Bein Bileams gegen die Mauer. Da schlug ihn Bileam wieder. 26 Der *Engel des Herrn* ging weiter und stellte sich an eine besonders enge Stelle, wo es weder rechts noch links eine Möglichkeit gab auszuweichen. 27 Als der Esel den *Engel des Herrn* sah, ging er unter Bileam in die Knie. Bileam aber wurde wütend und schlug den Esel mit dem Stock. 28 Da öffnete der Herr dem Esel den Mund, und der Esel sagte zu Bileam: Was habe ich dir getan, dass du mich jetzt schon zum dritten Mal schlägst? 29 Bileam erwiderte dem Esel: Weil du mich zum Narren hältst. Hätte ich ein Schwert dabei, dann hätte ich dich schon umgebracht. 30 Der Esel antwortete Bileam: Bin ich nicht dein Esel, auf dem du seit eh und je bis heute geritten bist? War es etwa je meine Gewohnheit, mich so gegen dich zu benehmen? Da musste Bileam zugeben: Nein. 31 Nun öffnete der Herr dem Bileam die Augen, und er sah den *Engel des Herrn* auf dem Weg stehen, mit dem gezückten Schwert in der Hand. Da verneigte sich Bileam und warf sich auf sein Gesicht nieder. 32 Der *Engel des Herrn* sagte zu ihm: Warum hast du deinen Esel dreimal geschlagen? Ich bin dir feindlich in den Weg getreten, weil mir der Weg, den du gehst, zu abschüssig ist. 33 Der Esel hat mich gesehen und ist mir schon dreimal ausgewichen. Wäre er mir nicht ausgewichen, dann hätte ich dich vielleicht jetzt schon umgebracht, ihn aber am Leben gelassen. 34 Bileam antwortete dem *Engel des Herrn*: Ich habe gesündigt, aber nur, weil ich nicht wusste, dass du mir im Weg standest. Jetzt aber will ich umkehren, wenn dir mein Vorhaben nicht recht ist. 35 Der *Engel des Herrn* antwortete Bileam: Geh mit den Männern, aber rede nichts, außer was ich dir sage. Da ging Bileam mit den Hofleuten Balaks.

2 Samuel 24,16–17

16 Als der *Engel* seine Hand gegen Jerusalem ausstreckte, um es ins Verderben zu stürzen, reute den Herrn das Unheil, und er sagte zu dem *Engel*, der das Volk ins Verderben stürzte: Es ist jetzt genug, lass deine Hand sinken! Der *Engel* war gerade bei der Tenne des Jebusiters Arauna. 17 Als David den *Engel* sah, der das Volk schlug, sagte er zum Herrn: Ich bin es doch, der gesündigt hat; ich bin es, der sich vergangen hat. Aber diese, die Herde, was haben denn sie getan? Erheb deine Hand gegen mich und gegen das Haus meines Vaters!

1 Könige 13,18–19

18 Der andere aber sagte: Auch ich bin ein Prophet wie du, und ein *Engel* hat mir im Auftrag des Herrn befohlen: Hol ihn zurück! Er soll in dein Haus kommen, um zu essen und zu trinken. So belog er ihn. 19 Nun kehrte er um und aß und trank im Haus des Propheten.

1 Könige 19,5–7

5 Dann legte Elia sich unter den Ginsterstrauch und schlief ein. Doch ein *Engel* rührte ihn an und sprach: Steh auf und iss! 6 Als er um sich blickte, sah er neben seinem Kopf Brot, das in glühender Asche gebacken war, und einen Krug mit Wasser. Er aß und trank und legte sich wieder hin. 7 Doch der *Engel des Herrn* kam zum zweiten Mal, rührte ihn an und sprach: Steh auf und iss! Sonst ist der Weg zu weit für dich.

Psalm 34,8 Der *Engel des Herrn* umschirmt alle, die ihn fürchten und ehren, und er befreit sie.
Psalm 138,1 Ich will dir danken aus ganzem Herzen, dir vor den *Engeln* singen und spielen.
Psalm 148,2 Lobt ihn, all seine *Engel*, lobt ihn, all seine Scharen.

Daniel 6,23

Mein Gott hat seinen *Engel* gesandt und den Rachen der Löwen verschlossen. Sie taten mir nichts zuleide; denn in seinen Augen war ich schuldlos, und auch dir gegenüber, König, bin ich ohne Schuld.

Matthäus 1,19–24

19 Josef, ihr Mann, der gerecht war und sie nicht bloßstellen wollte, beschloss, sich in aller Stille von ihr zu trennen. 20 Während er noch darüber nachdachte, erschien ihm ein *Engel des Herrn* im Traum und sagte: Josef, Sohn Davids, fürchte dich nicht, Maria als deine Frau zu dir zu nehmen; denn das Kind, das sie erwartet, ist vom Heiligen Geist.

1. Gottes Wort hören – die Bibel

21 Sie wird einen Sohn gebären; ihm sollst du den Namen Jesus geben; denn er wird sein Volk von seinen Sünden erlösen. 22 Dies alles ist geschehen, damit sich erfüllte, was der Herr durch den Propheten gesagt hat: 23 Seht, die Jungfrau wird ein Kind empfangen, einen Sohn wird sie gebären, und man wird ihm den Namen Immanuel geben, das heißt übersetzt: Gott ist mit uns. 24 Als Josef erwachte, tat er, was der *Engel des Herrn* ihm befohlen hatte, und nahm seine Frau zu sich.

Matthäus 2, 13.19–20

13 Als die Sterndeuter wieder gegangen waren, erschien dem Josef im Traum ein *Engel des Herrn* und sagte: Steh auf, nimm das Kind und seine Mutter, und flieh nach Ägypten; dort bleibe, bis ich dir etwas anderes auftrage; denn Herodes wird das Kind suchen, um es zu töten.
19 Als Herodes gestorben war, erschien dem Josef in Ägypten ein *Engel des Herrn* im Traum 20 und sagte: Steh auf, nimm das Kind und seine Mutter, und zieh in das Land Israel; denn die Leute, die dem Kind nach dem Leben getrachtet haben, sind tot.

Matthäus 16, 27

Der Menschensohn wird mit seinen *Engeln* in der Hoheit seines Vaters kommen und jedem Menschen vergelten, wie es seine Taten verdienen.

Markus 1, 13

Dort blieb Jesus vierzig Tage lang und wurde vom Satan in Versuchung geführt. Er lebte bei den wilden Tieren, und die *Engel* dienten ihm.

Lukas 2, 8–21

8 In jener Gegend lagerten Hirten auf freiem Feld und hielten Nachtwache bei ihrer Herde. 9 Da trat der *Engel des Herrn* zu ihnen, und der Glanz des Herrn umstrahlte sie. Sie fürchteten sich sehr, 10 der *Engel* aber sagte zu ihnen: Fürchtet euch nicht, denn ich verkünde euch eine große Freude, die dem ganzen Volk zuteil werden soll: 11 Heute ist euch in der Stadt Davids der Retter geboren; er ist der Messias, der Herr. 12 Und das soll euch als Zeichen dienen: Ihr werdet ein Kind finden, das, in Windeln gewickelt, in einer Krippe liegt. 13 Und plötzlich war bei dem *Engel* ein großes himmlisches Heer, das Gott lobte und sprach: 14 Verherrlicht ist Gott in der Höhe, und auf Erden ist Friede bei den Menschen seiner Gnade. 15 Als die *Engel* sie verlassen hatten und in den Himmel zurückgekehrt waren, sagten die Hirten zueinander: Kommt, wir gehen nach Betlehem, um das Ereignis zu sehen, das uns der Herr verkünden ließ. 16 So eilten sie hin und fanden Maria und Josef

und das Kind, das in der Krippe lag. 17 Als sie es sahen, erzählten sie, was ihnen über dieses Kind gesagt worden war.

18 Und alle, die es hörten, staunten über die Worte der Hirten. 19 Maria aber bewahrte alles, was geschehen war, in ihrem Herzen und dachte darüber nach. 20 Die Hirten kehrten zurück, rühmten Gott und priesen ihn für das, was sie gehört und gesehen hatten; denn alles war so gewesen, wie es ihnen gesagt worden war. 21 Als acht Tage vorüber waren und das Kind beschnitten werden sollte, gab man ihm den Namen Jesus, den der *Engel* genannt hatte, noch ehe das Kind im Schoß seiner Mutter empfangen wurde.

Lukas 9, 25–26

25 Was nützt es einem Menschen, wenn er die ganze Welt gewinnt, dabei aber sich selbst verliert und Schaden nimmt? 26 Denn wer sich meiner und meiner Worte schämt, dessen wird sich der Menschensohn schämen, wenn er in seiner Hoheit kommt und in der Hoheit des Vaters und der heiligen *Engel*.

Lukas 12, 8–9

8 Ich sage euch: Wer sich vor den Menschen zu mir bekennt, zu dem wird sich auch der Menschensohn vor den *Engeln* Gottes bekennen. 9 Wer mich aber vor den Menschen verleugnet, der wird auch vor den *Engeln* Gottes verleugnet werden.

Johannes 20, 11–13

11 Maria aber stand draußen vor dem Grab und weinte. Während sie weinte, beugte sie sich in die Grabkammer hinein. 12 Da sah sie zwei *Engel* in weißen Gewändern sitzen, den einen dort, wo der Kopf, den anderen dort, wo die Füße des Leichnams Jesu gelegen hatten. 13 Die *Engel* sagten zu ihr: Frau, warum weinst du? Sie antwortete ihnen: Man hat meinen Herrn weggenommen, und ich weiß nicht, wohin man ihn gelegt hat.

Apostelgeschichte 6, 15

Und als alle, die im Hohen Rat saßen, auf ihn blickten, erschien ihnen sein Gesicht wie das Gesicht eines *Engels*.

Römer 8, 38–39

38 Denn ich bin gewiss: Weder Tod noch Leben, weder *Engel* noch Mächte, weder Gegenwärtiges noch Zukünftiges, weder Gewalten

39 der Höhe oder Tiefe noch irgendeine andere Kreatur können uns scheiden von der Liebe Gottes, die in Christus Jesus ist, unserem Herrn.

1 Korinther 13, 1
Wenn ich in den Sprachen der Menschen und *Engel* redete, hätte aber die Liebe nicht, wäre ich dröhnendes Erz oder eine lärmende Pauke.

Galater 1, 8
Wer euch aber ein anderes Evangelium verkündigt, als wir euch verkündigt haben, der sei verflucht, auch wenn wir selbst es wären oder ein *Engel* vom Himmel.

Kolosser 2, 18
Niemand soll euch verachten, der sich in scheinbarer Demut auf die Verehrung beruft, die er den *Engeln* erweist, der mit Visionen prahlt und sich ohne Grund nach weltlicher Art wichtig macht.

1 Timotheus 5, 21
Ich beschwöre dich bei Gott, bei Christus Jesus und bei den auserwählten *Engeln*: Befolge dies alles ohne Vorurteil, und vermeide jede Bevorzugung!

Hebräer 13, 2
Vergesst die Gastfreundschaft nicht; denn durch sie haben einige, ohne es zu ahnen, *Engel* beherbergt.

1 Petrus 3, 21–22
21 Dem entspricht die Taufe, die jetzt euch rettet. Sie dient nicht dazu, den Körper von Schmutz zu reinigen, sondern sie ist eine Bitte an Gott um ein reines Gewissen aufgrund der Auferstehung Jesu Christi, 22 der in den Himmel gegangen ist; dort ist er zur Rechten Gottes, und *Engel*, Gewalten und Mächte sind ihm unterworfen.

2 Petrus 2, 10–11
10 Diese frechen und anmaßenden Menschen schrecken nicht davor zurück, die überirdischen Mächte zu lästern, 11 während die *Engel*, die ihnen an Stärke und Macht überlegen sind, beim Herrn nicht über sie urteilen und lästern.

Offenbarung 5, 11
Ich sah und ich hörte die Stimme von vielen *Engeln* rings um den Thron und um die Lebewesen und die Ältesten; die Zahl der *Engel* war zehntausendmal zehntausend und tausendmal tausend.

Offenbarung 7, 1–2

1 Danach sah ich: Vier *Engel* standen an den vier Ecken der Erde. Sie hielten die vier Winde der Erde fest, damit der Wind weder über das Land noch über das Meer wehte, noch gegen irgendeinen Baum. 2 Dann sah ich vom Osten her einen anderen *Engel* emporsteigen; er hatte das Siegel des lebendigen Gottes und rief den vier *Engeln,* denen die Macht gegeben war, dem Land und dem Meer Schaden zuzufügen, mit lauter Stimme zu: ...

Offenbarung 18, 1

Danach sah ich einen anderen *Engel* aus dem Himmel herabsteigen; er hatte große Macht, und die Erde leuchtete auf von seiner Herrlichkeit.

Offenbarung 18, 21

Dann hob ein gewaltiger *Engel* einen Stein auf, so groß wie ein Mühlstein; er warf ihn ins Meer und rief: So wird Babylon, die große Stadt, mit Wucht hinabgeworfen werden, und man wird sie nicht mehr finden.

1.16 Psalmpuzzle

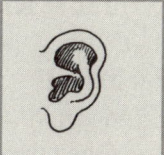

Thema:	*Psalmen*
Alter:	*ab ca. 5 Jahre*
Arbeitsweise:	*Gruppenarbeit*
Dauer:	*ca. 30 Minuten*
Material:	*Gebets- oder Psalmtext*
	Stifte
	Papier
	Plakatkarton
Vorbereitungen:	*benötigtes Material bereitstellen*

Hinführung

Durch die hier vorgestellte Art der Texterschließung sollen alte, uns nichts mehr sagende Texte aufgeschlossen und damit besser verstanden werden.

Nichtssagende Texte können zu vielsagenden Texten werden, da persönliches Gedankengut in sie aufgenommen wurde.

Die Ergebnisse eines solchen Psalmpuzzles eignen sich besonders gut zur Verwendung in Gottesdiensten.

Durchführung

- Nachdem sich die Teilnehmer mit einem Gebet, einem Psalm oder einem anderen Text auseinandergesetzt haben, wird dieser in einzelne Sätze bzw. Abschnitte gegliedert.
- Danach werden die einzelnen Abschnitte mit großen Zwischenräumen auf ein großes Plakat geschrieben.
- Anschließend geht es darum, persönliche Gedanken und Ideen mit dem vertrauten Text, Gebet oder Psalm zu verknüpfen.

1.17 Klangspiel

Thema:	*Psalmen*
Alter:	*ab ca. 9 Jahre*
Arbeitsweise:	*Einzel- und Gruppenarbeit*
Dauer:	*ca. 40 Minuten*
Material:	*Textvorlage (auf CD-ROM) oder Bibeln*
	Buntstifte
Vorbereitungen:	*benötigtes Material bereitstellen*

Hinführung

Ein Psalm soll zum Klingen gebracht werden – durch lautes Sprechen und Lesen, allein und in der Gruppe.

Durchführung

- Entweder sucht die Gruppe gemeinsam einen Psalm aus oder der Gruppenleiter hat dies bereits getan.
- Jedes Gruppenmitglied erhält eine Kopie der Textvorlage. Dabei sollte die Schrift groß gedruckt sein, und die einzelnen Verse sollten sich gut voneinander abheben.
- Jedes Gruppenmitglied liest sich den Psalm durch und beschäftigt sich zunächst still mit dem Text.
- Jeder sucht sich einen oder mehrere »Lieblingssätze« im Text und unterstreicht diese farbig.
- Nun liest der Gruppenleiter den Psalm langsam vor. Die übrigen Gruppenmitglieder stimmen nur dann ein, wenn ihr Lieblingssatz gelesen wird.

Alternative

Während der Gruppenleiter den Psalm vorliest, sagen die Gruppenmitglieder permanent leise ihren Lieblingssatz.

Hinweis

Es können auch einzelne Verse aus dem Psalm verwendet werden.

1.18 Linsengericht

Thema:	*Jakob und Esau*
	Linsengericht
Alter:	*ab ca. 8 Jahre*
Arbeitsweise:	*Gruppenarbeit*
Dauer:	*ca. 60 Minuten*
Zubereitungszeit:	*45 Minuten (zusätzlich 2 Stunden Quellzeit)*
Vorlesedauer:	*ca. 3 Minuten*
Material:	*Kopiervorlage (Rezept)*
	Zutaten laut Rezept
	Topf
	Reibe
	Messerchen
	Küchenbrettchen
	Messbecher
	Besteck
	Geschirr
Vorbereitungen:	*Rezept in entsprechender Anzahl kopieren*
	Kochutensilien bereitstellen

Hinführung

Hintergrund dieses Rezeptes ist die Geschichte im 1. Buch Mose (Genesis) 25,29–35. Darin kauft Jakob seinem hungrigen Bruder Esau für einen Teller Linsen das Erstgeburtsrecht ab. Kinder verblüfft an dieser Geschichte immer wieder, dass etwas so Einfaches wie ein Teller mit Essen gegen etwas so Bedeutendes wie das Erstgeburtsrecht eingetauscht wird.

Durchführung

*   Die Gruppenmitglieder hören die Geschichte vom Linsengericht.
*   Der Begriff »Erstgeburtsrecht« wird geklärt. (Der Erstgeborene wird automatisch zum Familienoberhaupt, wenn der Vater gestorben ist. Außerdem hat er Anrecht auf ein zweifaches Erbteil.)
*   In der Gruppe werden eigene Erfahrungen mit dem Tauschen besprochen.
*   Anschließend wird gemeinsam das Linsengericht gekocht und gegessen.

Jakobs Linsengericht

Zutaten für 4 Personen:

300 g Linsen

½ Knolle Sellerie

1 Petersilienwurzel

2 Möhren

1 Stange Lauch

2 mehlig kochende Kartoffeln

2 kleine Zwiebeln

1 Zehe Knoblauch

1 Liter Gemüsebrühe

2 EL Essig

2 dicke Scheiben Speck (ca. 250 g)

2 Paar Wiener Würstchen oder Kasseler Rippchen

Salz und Pfeffer

2 Zweige frischen Thymian (alternativ: getrocknet)

1–2 Bund Petersilie

Etwas Butter

Zubereitung:

Die Linsen ca. 2 Stunden in reichlich Wasser einweichen, dann abschütten. Sellerie, Möhren, Petersilienwurzel und Lauch würfeln. Zwiebeln und Knoblauch klein schneiden und in einem Topf in Butter anschwitzen. Linsen zugeben und mit Brühe auffüllen. Kartoffeln reiben und zugeben. Aufkochen lassen und ca. 30 Minuten leicht köcheln. Danach Thymian, Karotten, Sellerie, Lauch, Petersilienwurzel und die Speckstücke zugeben. Noch ca. 15 Minuten köcheln. Dann mit Salz und Pfeffer und Essig abschmecken. Die gehackte Petersilie untermischen, die in Scheibchen geschnittene Wurst dazugeben und nochmals kurz erwärmen.
Als Beilage gibt es evtl. Brot.

Erzählvorschlag: Das Linsengericht

Isaak und Rebekka hatten zwei Söhne: Zwillingssöhne. Und doch sahen sie so verschieden aus, als wären sie nicht einmal Brüder.

Normalerweise kann man Zwillinge nur schwer auseinanderhalten. Bei Jakob und Esau war das ganz einfach. Esau, der Erstgeborene, hatte überall an Armen und Beinen Haare. Jakob dagegen hatte glatte Haut.

Die beiden sahen aber nicht nur sehr verschieden aus, sie waren auch in ihrer Art sehr unterschiedlich. Jakob blieb am liebsten bei der Mutter in der Nähe der Zelte. Esau dagegen ging lieber auf die Jagd. Das gefiel dem Vater besonders gut, denn er aß gerne gebratenes Wild. Rebekka aber hatte Jakob lieber.

Einmal, Jakob hatte gerade ein köstliches Linsengericht gekocht, kam Esau völlig müde und hungrig aus dem Wald nach Hause. Der Duft der Linsen stieg ihm gleich in die Nase. Sein Magen knurrte. Herrlich, der Gedanke, sich gleich mit den Linsen den Bauch vollschlagen zu können.

Prima, dass Jakob gerade jetzt das Essen fertig hat, dachte Esau. Er setzte sich vors Zelt und sagte zu seinem Bruder Jakob: »Ich habe einen Bärenhunger. Gib mir bitte was von dem Roten da zu essen. Ich komme noch um vor Hunger.« Aber Jakob sagte: »Wenn du mir dein Erstgeburtsrecht gibst, dann gebe ich dir auch was von dem Roten.« Esau überlegte nicht lange. Vor Hunger konnte er sowieso keinen klaren Gedanken fassen. Was nützte ihm in diesem Moment sein Erstgeburtsrecht, davon wird man schließlich nicht satt. So versprach er es Jakob. Er schwor sogar, es Jakob zu geben und machte sich dann gierig über die Linsen her.

1.19 Kuchen backen mit der Bibel

Thema:	*Bibel*
	Erntedank
Alter:	*ab ca. 9 Jahre*
Arbeitsweise:	*Gruppenarbeit*
Dauer:	*ca. 40 Minuten ohne Backzeit*
Material:	*Bibel(n)*
	Kaffeetasse
	Esslöffel
	Mixer mit Rührhaken
	Backschüssel
	Springform Ø 28 cm
	Backofen
	Zutaten entsprechend den Bibelstellen
Vorbereitungen:	*benötigtes Material bereitstellen*

Hinführung

Es gibt viele Rezepte für einen Bibelkuchen. Dieses ist mein Lieblings-rezept. Bevor die Gruppenmitglieder die Backzutaten kennen, müssen sie allerdings kräftig in der Bibel nachschlagen.

Durchführung

- Die Bibelstellen werden nachgeschlagen und die entsprechende Zutat auf die Kopiervorlage notiert.
- Aus den Zutaten wird dann gemäß dem Rezept der Kuchen zubereitet.
- Vielleicht findet er auch Platz auf dem Erntedankaltar oder wird bei einer Erntefeier gemeinsam verspeist.

Hinweis

Es lohnt sich in jedem Fall, die ganze Geschichte rund um die angegebene Bibelstelle zu lesen. Dahinter verbirgt sich viel Spannendes!

Man nehme:

5,5 Tassen 1 Könige 5,2

2 Tassen Jeremia 24,2

2 Tassen 1 Samuel 30,12

1 Tasse 4 Mose (Numeri) 17,23

1 Prise 3 Mose (Levitikus) 2,13

3 EL Offenbarung 18,13

1 Päckchen Backpulver*

Vermenge all diese Zutaten miteinander. Dann fügst du noch hinzu:

1,5 Tassen Jesaja 7,22

6-mal Jeremia 17,11

1,5 Tassen 2 Mose (Exodus) 3,8

4 Tassen Sprichwörter 30,33

Verrühre alle Zutaten mit dem Rührhaken zu einem zähflüssigen Teig (vergleiche den Spruch des Salomo in Sprichwörter 23,14a).

Fette die Springform ein und bestäube sie mit Mehl oder Semmelbröseln. Fülle den Teig ein und schiebe die Form in den Ofen.

Backtemperatur: 175 Grad Umluft/Gasherd: Stufe 2

Backzeit: 80–90 Minuten

* Backpulver wird in der Bibel nirgends erwähnt. Aber ohne Backpulver geht der Kuchen nicht auf.

Alternativ: Rezept mit Texten der Bibel

Man nehme:

5,5 Tassen 1 Könige 5,2

Und Salomo musste täglich zur Speisung haben dreißig Sack feinstes Mehl, sechzig Sack anderes Mehl.

2 Tassen Jeremia 24,2

In dem Korbe waren sehr gute Feigen, wie die ersten reifen Feigen sind; in dem anderen Korbe waren sehr schlechte Feigen, dass man sie nicht essen konnte, so schlecht waren sie.

2 Tassen 1 Samuel 30,12 (Rosinen)

… und gaben ihm ein Stück Feigenkuchen und zwei Rosinenkuchen.

1 Tasse 4 Mose (Numeri) 17,23

Am nächsten Morgen, als Mose in die Hütte des Gesetzes ging, fand er den Stab Aarons vom Hause Levi grünen und die Blüte aufgegangen und Mandeln tragen.

1 Prise 3 Mose (Levitikus) 2,13

Alle deine Speiseopfer sollst du salzen, und dein Speiseopfer soll niemals ohne Salz des Bundes deines Gottes sein.

3 EL Offenbarung 18,13

Und Zimt und Balsam und … Räucherwerk

1 Päckchen Backpulver*

Vermenge all diese Zutaten miteinander. Dann fügst du noch hinzu:

1,5 Tassen Jesaja 7,22

… Und wird so viel zu melken haben, dass er Butter essen wird …

6-mal Jeremia 17,11

Wie ein Vogel, der sich über Eier setzt, die er nicht gelegt hat, so ist, wer unrecht Gut sammelt; denn er muss davon, wenn er's am wenigsten denkt, und muss zuletzt noch Spott dazu haben.

1. Gottes Wort hören – die Bibel

1,5 Tassen 2 Mose (Exodus) 3,8 (Honig)

Und ich bin herniedergefahren, dass ich sie errette aus der Ägypter Hand und sie herausführe aus diesem Lande in ein gutes und weites Land, in ein Land, wo Milch und Honig fließt.

4 Tassen Buch der Sprichwörter 30,33

Denn wenn man Milch stößt, so wird Butter daraus . . .

Verrühre alle Zutaten mit dem Rührhaken zu einem zähflüssigen Teig (vergleiche den Spruch des Salomo Sprichwörter 23,14a: *Du schlägst ihn mit der Rute . . .*).

Fette die Springform ein und bestäube sie mit Mehl oder Semmelbröseln. Fülle den Teig ein und schiebe die Form in den Ofen.

Backtemperatur: 175 Grad Umluft/Gasherd: Stufe 2

Backzeit: 80–90 Minuten

* Backpulver wird in der Bibel nirgends erwähnt. Aber ohne Backpulver geht der Kuchen nicht auf.

Rezeptübersetzung:

Man nehme:

5,5 Tassen

2 Tassen

2 Tassen

1 Tasse

1 Prise

3 Esslöffel

1 Päckchen Backpulver*

Vermenge alle Zutaten miteinander. Dann fügst du noch hinzu:

1,5 Tassen

6-mal

1,5 Tassen

4 Tassen

Zubereitung:

- Verrühre alle Zutaten mit dem Rührhaken zu einem zähflüssigen Teig.
- Fette die Springform ein und bestäube sie mit Mehl oder Semmelbröseln.
- Fülle den Teig ein und schiebe die Form in den Ofen.

Backtemperatur: 175 Grad Umluft/Gasherd: Stufe 2

Backzeit: 80–90 Minuten

* Backpulver wird in der Bibel nirgends erwähnt. Aber ohne Backpulver geht der Kuchen nicht auf.

1.20 Ich habe einen Namen

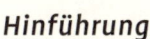

Thema:	*Namen*
	Taufe
	Ich
Alter:	*ab ca. 9 Jahre*
Arbeitsweise:	*Einzel- und Gruppenarbeit*
Dauer:	*20 Minuten*
Material:	*Papier*
	Stifte
	Krepp-Klebeband
Vorbereitungen:	*benötigtes Material bereitstellen*

Hinführung

Diese Übung macht deutlich: Ich bin unverwechselbar ich. Sie ermutigt dazu, sich selbst und andere zu entdecken und sich bewusst Gedanken über sich und andere zu machen. Jeder Mensch hat bestimmte Eigenschaften und Fähigkeiten, jeder Einzelne ist ein einmaliges Geschöpf Gottes.

Das Nachdenken über sich selbst und das Aufmerksam-Werden auf andere sollten neben der Aussage »Das bin ich« auch die folgende Zusage beinhalten: »Ich akzeptiere mich so, wie ich bin; ich werde auch von anderen angenommen.« Wir können nicht in die Haut eines anderen schlüpfen, und eigentlich wollen wir das auch nicht.

Das Kreuzworträtsel erfordert das Nachdenken über sich selbst. Wenn es darüber hinaus zu einem intensiven Kennenlernen kommen soll, ist auch die Bereitschaft nötig, sich anderen mitzuteilen und persönliche Dinge preiszugeben.

Bereits während der Übung lernen die Mitglieder, auf sich selbst zu achten und über sich zu sprechen. Auch Namen werden ansatzweise in ihrer Bedeutung erfasst; sie begleiten uns ein ganzes Leben.

Nachdem das Kreuzworträtsel fertig gestellt ist, kann es den übrigen Teilnehmern präsentiert werden.

Durchführung

• Jeder Teilnehmer schreibt die Buchstaben seines Namens senkrecht auf ein Blatt Papier.

- Er überlegt, welche Eigenschaften zu seiner Person passen und schreibt diese wie in einem Kreuzworträtsel dazu. Hierbei sollten die Anfangsbuchstaben der Eigenschaften in seinem Namen vorkommen.
- Anschließend werden die Eigenschaften in der Gruppe vorgestellt.

Hinweis

Diese Übung eignet sich vor allem zum gegenseitigen Kennenlernen einer neuen Gruppe.

Weiterführung

Die Methode kann zu verschiedenen Themen verwendet werden; etwa wenn es darum geht, zu erfragen, welche Erfahrungen oder Meinungen der Einzelne mit bzw. zu einem Thema hat.
Der Gruppenleiter gibt ein Thema vor, z.B. »Meine Erfahrungen mit Gott«. Die Teilnehmer suchen Wörter, die ihnen dazu einfallen – passend zu den Buchstaben ihres Namens. Ihre eigenen Erfahrungen stellen sie den anderen Gruppenmitgliedern vor. Gemeinsame Erfahrungen können auf Plakaten gesammelt werden; sie bilden die Grundlage für weitere Gespräche.

Alternative 1

Jeder schreibt die Buchstaben seines Namens senkrecht untereinander auf ein Blatt, das mit Kreppband auf dem Rücken festgeklebt wird. Nun gehen alle durch den Raum. Jeder kann bei den anderen Eigenschaften eintragen, die ihm zu den Buchstaben des Namens einfallen. Nach einer vereinbarten Zeit werden die »Rückenschilder« abgenommen und jeder kann nun lesen, wie er von den übrigen Gruppenmitgliedern gesehen wird.

Alternative 2

Jedem wird mit Kreppband ein leeres Blatt auf den Rücken geheftet. Die Gruppenmitglieder gehen durch den Raum und schreiben auf die Blätter positive Dinge, die ihnen zu der betreffenden Person einfallen. Es ist darauf zu achten, dass wirklich bei jedem etwas geschrieben wird.
Nach einer vorher festgelegten Zeit werden die Zettel abgenommen. Die Gruppe setzt sich in einem Kreis zusammen. Jeder liest still seinen »Lobzettel«. Danach erzählt reihum jeder, über welchen Eintrag er sich am meisten gefreut oder gewundert hat.

1.21 Gott gibt einen Auftrag

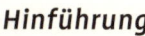

Thema:	Gott beauftragt Menschen, z. B. Jona oder Mose
Alter:	ab ca. 8 Jahre
Arbeitsweise:	Gruppenarbeit
Dauer:	ca. 30 Minuten
Material:	Kopiervorlage
	Stifte
	evtl. Kassettenrekorder
Vorbereitungen:	benötigtes Material bereitstellen, Vorlagen kopieren

Hinführung

Welche Ziele habe ich in meinem Leben? Was kann ich gut? Was will Gott wirklich von mir? Was ist mein Auftrag im Leben? Oder noch stärker: Welche Vision habe ich? Welches Ziel möchte ich verfolgen? Wovon träume ich? Es tut gut ein klares Ziel vor Augen zu haben. Dies motiviert uns, lässt uns über uns selbst hinauswachsen, gibt uns Hoffnung. Ein Ziel vor Augen zu haben bündelt unsere Kräfte und gibt den Weg vor, der dorthin führt. Es verhindert, dass wir auf der Stelle treten oder gar im Kreis laufen.

Ist jedem von uns bewusst, dass unsere Visionen und Ziele von Gott gegebene Ziele sind, die unser Leben verändern? In der Bibel gibt es zahlreiche Beispiele dafür, dass Gott den Menschen Visionen, Ziele und Aufträge gibt. Er gibt uns die Richtung für unser Leben vor. Er ruft uns an und auf.

Die Bibel enthält zahlreiche Sätze, in denen Menschen dazu aufgerufen werden, etwas zu tun. Durch Sprech- und Schreibübungen sollen die Teilnehmer die Dynamik dieser Aussagen erfahren.

Durchführung

- Ein von der Gruppe oder vom Gruppenleiter ausgewählter Satz wird den Teilnehmern zunächst in schriftlicher Form ausgehändigt, damit sich jeder still damit beschäftigen kann.
- Anschließend spricht jeder Einzelne den Satz laut. Der Satz wird im Chor, in Gruppen, in unterschiedlichen Stimmlagen gesprochen, eventuell sogar auf Kassette aufgenommen. Durch unterschiedliche

Akzentuierungen und Betonungen erhält der Satz jeweils einen anderen Charakter.

- Die unterschiedlichen Gestaltungsmöglichkeiten werden miteinander verglichen und besprochen. Welche Interpretation kommt nach Meinung der Gruppe der Intention dieses Satzes am nächsten?

Weiterführung

Die Teilnehmer gestalten den Satz durch mehrmaliges Schreiben, um auch auf diese Weise der Dynamik nachzuspüren, die in ihm steckt.

Alternative 1

Die Gruppe beschäftigt sich mit Menschen, die eine bestimmte Vision oder einen Auftrag hatten, z. B. Martin Luther, Mahatma Gandhi, Martin Luther King, Mutter Teresa, Janusz Korczak, Johann Hinrich Wichern etc. Wie hat ihre Vision ihr Leben verändert? Wieso kann man sagen, dass diese Menschen im Auftrag Gottes unterwegs waren?

Aufträge:

Genesis (1 Mose) 6, 14:

Mach dir eine Arche aus Zypressenholz!

Genesis (1 Mose) 12, 1:

Der Herr sprach zu Abraham: Zieh weg aus deinem Land, von deiner Verwandtschaft und aus deinem Vaterhaus in das Land, das ich dir zeigen werde.

Exodus (2 Mose) 33, 1:

Der Herr sprach zu Mose: Geh, zieh mit dem Volk, das du aus Ägypten heraufgeführt hast, fort von hier, in das Land hinauf, von dem ich Abraham, Isaak und Jakob mit dem Eid versichert habe: Deinen Nachkommen gebe ich es.

Jesaja 6, 9:

Da sagte er: Geh und sag deinem Volk: Hören sollt ihr, hören, aber nicht verstehen. Sehen sollt ihr, sehen, aber nicht erkennen.

Jeremia 1, 4–5:

Das Wort des Herrn erging an mich: Noch ehe ich dich im Mutterleib formte, habe ich dich ausersehen, noch ehe du aus dem Mutterschoß hervorkamst, habe ich dich geheiligt, zum Propheten für die Völker habe ich dich bestimmt.

Hesekiel (Ezechiel) 2, 3:

Er sagte zu mir: Stell dich auf deine Füße, Menschensohn; ich will mit dir reden.

Jona 1, 1–2:

Das Wort des Herrn erging an Jona, den Sohn Amittais: Mach dich auf den Weg und geh nach Ninive, in die große Stadt, und droh ihr (das Strafgericht) an!

Matthäus 4, 19:

Da sagte er (Jesus) zu ihnen: Kommt her, folgt mir nach! Ich werde euch zu Menschenfischern machen.

Alternative 2

Die Gruppe bearbeitet die folgenden Fragen:

Lies Jona 4, 7!

Wer bekommt hier einen Auftrag von Gott?

_____
_____
_____

Um welchen Auftrag handelt es sich?

_____
_____
_____

Was kann mir diese Geschichte für mein persönliches Leben sagen?

_____
_____
_____

Welche Ziele kann ich für mein Leben finden? Schreibe sie auf!

_____
_____
_____

1. Gottes Wort hören – die Bibel

1.22 Zehn Gebote

 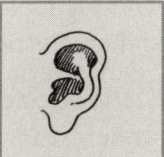

Thema:	*Mose*
	Zehn Gebote
	Exodus/2 Mose 20,1–17
Alter:	*ab ca. 7 Jahre*
Arbeitsweise:	*Gruppenarbeit*
Dauer:	*ca. 30 Minuten*
Material:	*Kopiervorlagen*
	Stifte
	Papier
Vorbereitungen:	*Vorlagen vervielfältigen,*
	Material bereitstellen

Hinführung

Bei dieser Übung geht es darum, Texte in die heutige Zeit und Sprache zu übertragen. Dadurch sollen Aussagen und Inhalte der Bibel transparenter und verständlicher werden.

Durchführung

- Die Kleingruppe wählt eines der Zehn Gebote aus. Dieses wird in einzelne Satzfragmente zerlegt, von denen jedes auf ein Blatt Papier geschrieben wird.
- Anschließend geht jeder Teilnehmer von Blatt zu Blatt und schreibt auf, was dieses Fragment für ihn heute heißt, welche Assoziationen er hat, welche Synonyme er einsetzen könnte, wie er selbst den Satz übersetzen würde.
- Jeder soll mehrmals zu einem Blatt gehen, lesen, was andere geschrieben haben – und eventuell weitere Ergänzungen hinzufügen.
- Eine Kleingruppe wählt aus dieser Stoffsammlung die für sie treffendsten Beschreibungen aus und formuliert daraus gemeinsam einen Text, der das Gebot näher erläutert und sprachlich aktualisiert.

Beispiel:
DU – Peter, Hans, ich, Sohn, Tochter, Mädchen, Schüler, Enkel

SOLLST – sieh es nicht als Muss, sondern als deinen Wunsch an

VATER UND MUTTER – Mutter und Vater, Oma und Opa, Lehrer, Erzieher, Betreuer, Kollegen, alle Menschen

EHREN – achten, lieben, respektieren, sich ihrer nicht schämen, sie verstehen und nicht als Geldgeber ausnutzen, sich ihrer freuen und ihnen dankbar sein, ihnen helfen

AUF DASS DU LANGE LEBST – und das weitergibst, was du an Werten und Traditionen, an Hilfen und Vorstellungen erfahren hast

IN DEM LANDE, DAS DIR DER HERR, DEIN GOTT, GEBEN WIRD. – dort, wo Menschen sind, die du magst, wo du dich wohl fühlst; überall dort, wo du Heimat findest und zu Hause bist.

Alternative 1

Die Gruppenmitglieder lesen die Zehn Gebote und ordnen ihnen eine Bedeutung in modernerer Sprache zu.

Die Zehn Gebote (2 Mose/Exodus 20, 1–17)

1. Und Gott redete alle diese Worte: Ich bin der HERR, dein Gott, der ich dich aus Ägyptenland, aus der Knechtschaft, geführt hat. Du sollst keine anderen Götter haben neben mir.

2. Du sollst dir kein Bildnis noch irgendein Gleichnis machen, weder von dem, was oben im Himmel, noch von dem, was unten auf Erden, noch von dem, was im Wasser unter der Erde ist ... Du sollst den Namen des HERRN, deines Gottes, nicht missbrauchen; denn der HERR wird den nicht ungestraft lassen, der seinen Namen missbraucht.

3. Gedenke des Sabbattages, dass du ihn heiligest. Sechs Tage sollst du arbeiten und alle deine Werke tun. Aber am siebenten Tage ist der Sabbat des HERRN, deines Gottes. Da sollst du keine Arbeit tun, auch nicht dein Sohn, deine Tochter, dein Knecht, deine Magd, dein Vieh, auch nicht dein Fremdling, der in deiner Stadt lebt. Denn in sechs Tagen hat der HERR Himmel und Erde gemacht und das Meer und alles, was darinnen ist, und ruhte am siebenten Tage. Darum segnete der HERR den Sabbattag und heiligte ihn.

4. Du sollst deinen Vater und deine Mutter ehren, auf dass du lange lebest in dem Lande, das dir der HERR, dein Gott, geben wird.

5. Du sollst nicht töten.

6. Du sollst nicht ehebrechen.

7. Du sollst nicht stehlen.

8. Du sollst nicht falsch Zeugnis reden wider deinen Nächsten.

9. Du sollst nicht begehren deines Nächsten Haus.

10. Du sollst nicht begehren deines Nächsten Weib, Knecht, Magd, Rind, Esel noch alles, was dein Nächster hat.

Ordne den folgenden Beschreibungen jeweils eines der Gebote zu:

Sprich ehrlich!

Gebot:

Stell dir nicht vor, wie Gott aussieht!

Gebot:

Bete nicht irgendwelche Götzen an!

Gebot:

Sei zufrieden mit dem, was du hast, und nimm anderen nichts weg!

Gebot:

Wenn zwei Menschen zusammen sind, störe als Dritter nicht ihre Kreise.

Gebot:

Gönne dir Ruhezeiten und genieße sie!

Gebot:

Geh mit dem Namen Gottes achtsam um, sag z. B. nicht ständig unbewusst: Oh Gott!

Gebot:

Respektiere deine Eltern; sie lieben dich!

Gebot:

Sei nicht neidisch auf das Haus deines Nachbarn!

Gebot:

Du musst nicht genau das haben, was andere haben.

Gebot:

2. Gottes Welt achten – die Schöpfung

2.1   Schöpfung erfahren

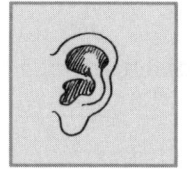 

Thema: *Schöpfungswerke*
Alter: *ab ca. 5 Jahre*
Arbeitsweise: *Einzel- und Gruppenarbeit*
Dauer: *ca. 40 Minuten*
Material: *siehe Vorbereitung der Stationen*
Vorbereitungen: *siehe Vorbereitung der Stationen*

Hinführung

Bei dieser Methode geht es darum, den Kindern unsere Welt als Gottes Schöpfung vor Augen zu stellen, mit ihnen gemeinsam über die Schönheiten der Welt nachzudenken und diese auch zu erleben. Voller Staunen und Bewunderung stehen wir vor unserer Welt, fragen immer wieder nach den Anfängen und nach dem Woher und Wohin. Mit diesem Staunen über die Schönheit der Schöpfung und damit über Gott beginnt das Sehen und Nachdenken und das bewusste Leben in dieser Welt. Uns wird klar, dass wir allen Grund haben, Gott als unseren Schöpfer zu loben.

Den Hintergrund dieser Gruppenarbeit liefert der priesterschriftliche Schöpfungsbericht. Entsprechend dem Sieben-Tage-Rhythmus wird parallel zur Erzählung eine Collage der Schöpfungswerke gestaltet. So wird in der zeitlichen Abfolge den Kindern die Entstehung der Erde vor Augen geführt.

Was mit Staunen beginnt, endet mit Staunen: Die Schöpfung umfasst viele schöne und bewundernswerte Dinge. So wird die Collage froh und farbenprächtig. Und das Staunen der Kinder über Gott schafft den Verstehenshintergrund für die Verantwortung für diese Schöpfung. Gottes Welt liegt in der Hand des Menschen – doch nicht immer gehen wir mit dem uns Anvertrauten verantwortungsvoll um. Wollen wir uns die Welt als Gabe Gottes in ihrer Schönheit bewahren, müssen wir an dieser Erde mitbauen, sie als Gabe, aber auch als Aufgabe sehen. Wir leben auf dieser Erde und von dieser Erde – dies gilt es deutlich zu machen.

Durchführung

- Die Gruppenmitglieder gehen von Station zu Station, beginnend beim ersten Tag.
- Zuerst wird die gestellte Aufgabe erfüllt und dann der Textabschnitt für den jeweiligen Tag gelesen.
- Anschließend kann aus den einzelnen Ergebnissen der Stationen ein »Schöpfungsbild« aufgebaut werden. Der aufgestellte Karton der 1. Station bildet hierbei den Hintergrund.

Vorbereitung der Stationen

Erster Tag (Station):
In einen leeren Schuhkarton an einer kurzen Seite ein so großes Loch hinein schneiden, dass eine Hand hineingreifen kann. Die Innenseite des Deckels wird mit gelbem Papier beklebt; wer möchte, malt eine Sonne auf. Der Boden des Kartons wird mit schwarzem Papier beklebt.

Zweiter Tag (Station):
Blaues Tuch und Wattebällchen besorgen.

Dritter Tag (Station):
Eine Schüssel mit Wasser bereitstellen, ein Handtuch dazulegen. Erde, Samenkörner und kleine Blumentöpfe besorgen.

Vierter Tag (Station):
Sterne auf gelbes Tonpapier aufzeichnen, Teelichter besorgen, Streichhölzer, Heißklebepistole und evtl. schwarzes Tuch besorgen.

Fünfter Tag (Station):
Knete besorgen, Unterlage für die Tische, evtl. kleine Messer und Knetförmchen.

Sechster Tag (Station):
Alte Zeitschriften sowie Scheren bereitlegen.

Siebter Tag (Station):
CD-Spieler und Meditationsmusik besorgen; evtl. Schöpfungsbilderbuch bereit legen oder Schöpfungsbericht der Bibel.

Aufträge an den Stationen

1. Tag (Station):

Greife mit der Hand durch das Loch in den Karton. Was fühlst du?

Schaue durch das Loch in den Karton. Was kannst du erkennen?

2. Tag (Station):

Lege auf dem Tuch einen Wattebausch ab. Woran denkst du?

3. Tag (Station):

Greife in die Schale mit Erde. Was fühlst du?

Fülle etwas Erde in einen Blumentopf und setze einige Samenkörner in die Erde.

Tauche anschließend deine Hände in das Wasser. Was spürst du?

4. Tag (Station):

Schneide einen Stern aus. Klebe ein Teelicht darauf, entzünde das Teelicht. (Lass dir mit der Heißklebepistole von einem Erwachsenen helfen!)

Woran denkst du?

5. Tag (Station):

Forme aus Knete Fische und Vögel.

6. Tag (Station):

Schneide Tiere und Menschen aus Zeitschriften aus.

7. Tag (Station):

Setze dich entspannt hin und lausche der Musik. Sei ruhig!

Lass deine Gedanken kommen und gehen.

Wenn du möchtest, schau dir dann das Schöpfungsbilderbuch an!

Erzählvorschlag: Geschichte von der Schöpfung

1

Am Anfang war die Erde wüst und leer. Kein Mensch lebte. Es gab keine Tiere und keine Pflanzen. Alles war dunkel. Wasser bedeckte die ganze Erde. Da sprach Gott: »Es werde Licht.« Und tatsächlich wurde es auf der Erde hell. Gott freute sich über das Licht und nannte es Tag. Die Dunkelheit nannte er Nacht. Und so verging schon der erste Tag.

2

Am zweiten Tag wollte Gott noch etwas erschaffen. Er sagte: »Ein Gewölbe soll über dem Wasser entstehen.« Gott nannte das Gewölbe Himmel.

So ging der zweite Tag zu Ende.

3

Aber auf der Erde war immer noch sehr viel Wasser. Gott sprach: »Das Wasser soll sich in Tälern sammeln, damit Wasser und Land getrennt sind.« Das Land, das nicht mehr von Wasser überspült wurde, nannte er Erde, und die Wasserbecken Meer. Aber die blanke braune Erde genügte Gott noch nicht. Etwas Farbenfrohes sollte entstehen. So befahl er: »Auf der Erde sollen Bäume und Sträucher, Blumen und Gräser wachsen.« Und es wuchsen Blumen, Büsche und Bäume und Gräser aus der Erde. Gott freute sich über die wunderschön blühende Erde.

So verging der dritte Tag.

4

Nun schaute Gott zum Himmel empor und stellte fest, dass dieser ziemlich leer aussah. Er sprach: »Am Himmel sollen Lichter leuchten, Sterne, der Mond und die Sonne. Sie sollen den Tag und die Nacht hell machen.« So geschah es. Und Gott hatte Freude an dem, was er sah.

So geschah es am vierten Tag.

5

Aber auf der Erde gab es noch nichts, das sich bewegte, nichts, das Geräusche machte. Also sprach er: »Im Wasser und in der Luft sollen Tiere leben.« Viele bunte Fische, Krebse und Krabben setzte er ins Meer und kleine Vögel an den Himmel. Gott freute sich, dass alles so gut war.

So war der fünfte Tag vorüber.

6

Gott sprach: »Es soll auch noch Tiere geben, die auf der Erde leben.« So erschuf er alle Tiere, die du dir nur vorstellen kannst, und setzte sie auf die Erde. Er sprach: »Ich will auch noch Lebewesen schaffen, die meinem Bilde ähnlich sind.« Und er schuf Mann und Frau und hauchte ihnen Lebensatem ein. Er segnete sie und vertraute ihnen die gesamte Erde an. »Geht achtsam damit um!«, sagte er zu ihnen.

Das geschah am sechsten Tag.

7

Gott schaute sich alles an, was er geschaffen hatte. Seine Schöpfung war gut und zu seiner Freude gelungen. So ruhte er sich am siebten Tag aus. Er sagte: »Dieser siebte Tag gehört mir. Er ist ein Ruhetag. Bewahrt ihn euch.«

2.2 Garten Gottes

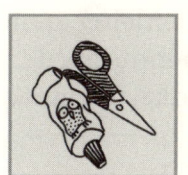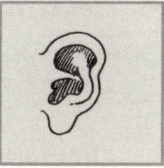

Thema:	*Schöpfung*
	Auftrag des Menschen
	(1 Mose/Genesis 2, 8.15),
	Bewahrung der Schöpfung
Alter:	*ab ca. 5 Jahre*
Arbeitsweise:	*Einzel- oder Gruppenarbeit*
Dauer:	*ca. 40 Minuten*
Material:	*kleine Schaufeln*
	kleine Hacken
	Gartenhandschuhe
	Sandkasten mit Boden oder eine stabile Gartenplane
	Erde
	Samentütchen
	Anzuchttöpfe oder kleine Blumentöpfe
	Steine
	Zweige
	Blumen
Vorbereitungen:	*benötigte Materialien bereitlegen*

Hinführung

Gott hat den Menschen nicht nur den Auftrag gegeben, die Erde zu bebauen, sondern auch, sie zu bewahren. Er vertraute uns die Erde an; das erfordert von uns einen verantwortlichen Umgang mit dem uns Anvertrauten. Das Lied erinnert ebenfalls an diesen Auftrag.

Durchführung

- Die Gruppenmitglieder betrachten die Gartengeräte, die auf einem Tisch ausliegen, und äußern ihre Assoziationen dazu. Eventuell erzählen sie von ihren Gärten zu Hause.
- Eine Verbindung zum Garten Gottes, zum Schöpfungsgarten, wird hergestellt: »Die Erde ist ein großer Garten Gottes. Wer leistet in diesem Garten die Gartenarbeit?«
- Die Aufgaben eines Gärtners werden mit dem Auftrag verglichen, den Gott den Menschen gegeben hat (1 Mose/Genesis 2, 8.15).
- Was fehlt, um einen Garten zu bepflanzen?

- Der Gruppenleiter stellt die vorbereiteten Materialien zur Verfügung. Die Gruppenmitglieder werden schöpferisch aktiv und kreativ, indem sie im Sandkasten einen kleinen Schöpfungsgarten entstehen lassen.

Alternative 1

Die Gruppenmitglieder überlegen, ob ihnen schon einmal etwas anvertraut wurde: etwas, worauf sie gut aufpassen sollten, z. B. der Hund oder Wohnungsschlüssel der Nachbarin, oder ein Geheimnis, das sie hüten mussten.
Wem würde ich selbst etwas anvertrauen? – Jemandem, dem ich vertrauen kann.
Gott hat uns die Erde anvertraut; er setzt sein Vertrauen in uns. Warum gab er die Erde uns Menschen? Welche Verantwortung haben wir dadurch bekommen und wie nehmen wir sie wahr?

2. Gottes Welt achten – die Schöpfung

2.3 Ausschnittbild

Thema:	*Adam und Eva*
	Paradies
Alter:	*ab ca. 5 Jahre*
Arbeitsweise:	*Einzel- und Gruppenarbeit*
Dauer:	*ca. 40 Minuten*
Material:	*Kopiervorlage*
Vorbereitungen:	*benötigtes Material bereitstellen*

Hinführung

Siehe unter 2.1.

Durchführung

*   Die Gruppenmitglieder betrachten die Kopiervorlage und äußern ihre Vermutungen, wer die dargestellten Personen sind.
*   Vorwissen wird zusammengetragen.
*   Anschließend hören die Teilnehmer die Geschichte.
*   Sie malen das Bild weiter, indem sie den Paradiesgarten um Adam und Eva herum malen, so dass beide ins Bild integriert sind.

Kopiervorlage: Adam und Eva

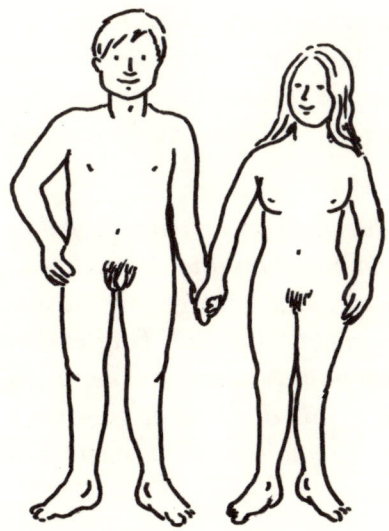

Erzählvorschlag

Gott schuf den ersten Menschen und nannte ihn Adam. Damit er nicht so alleine sein musste, schuf Gott noch einen zweiten Menschen und nannte ihn Eva. Adam und Eva waren die ersten Menschen. Sie lebten in einem wunderschönen Garten, einem Paradiesgarten. Dort wuchsen die schönsten Pflanzen und Bäume. In der Mitte des Gartens standen zwei ganz besondere Bäume. Einer hieß Baum des Lebens. Wer von seinen Früchten aß, musste nicht sterben. Der andere hieß der Baum der Erkenntnis. Wer von ihm aß, bekam großes Wissen geschenkt.

Gott sprach zu Adam und Eva: »Von allen Bäumen im Garten dürft ihr Früchte essen, so viel ihr wollt. Nur vom Baum der Erkenntnis dürft ihr nichts essen, sonst werdet ihr sterben.«

Eines Tages kam eine schlaue Schlange, die auch im Garten lebte, zu Eva und fragte: »Hat Gott wirklich gesagt, ihr dürft keine Frucht von den Bäumen im Garten essen?« Eva antwortete: »Nein, er hat gesagt, wir dürfen von allen Früchten essen, nur nicht die Früchte vom Baum der Erkenntnis. Sonst müssen wir sterben.«

Die Schlange sagte zu Eva: »Ihr müsst bestimmt nicht sterben. Gott wollte nur nicht, dass ihr davon esst, weil ihr dann alles wisst. Euch werden die Augen aufgehen. Ihr werdet dann wie Gott und erkennt Gut und Böse. Und dann braucht ihr Gott nicht mehr.«

Eva schaute sehnsüchtig zu den Früchten des Baumes. Sie sahen wirklich verlockend aus. Da nahm sie auch schon eine Frucht vom Baum der Erkenntnis und gab auch Adam eine. Sie bissen beide in die Frucht.
Da gingen ihnen die Augen auf und sie sahen, dass sie nackt waren. Sie rissen Blätter von einem Feigenbaum und machten sich daraus Schürzen, die sie sich umbanden.

Am Abend ging Gott durch den Garten. Als Adam und Eva ihn hörten, versteckten sie sich hinter Büschen und Sträuchern. Gott rief: »Wo bist du, Adam?« Adam antwortete: »Ich habe gehört, dass du kommst, da habe ich mich versteckt, weil ich nackt bin.« Gott fragte: »Woher weißt du, dass du nackt bist? Hast du etwa vom Baum der Erkenntnis gegessen?« Adam antwortete schnell: »Eva hat mir die Frucht gegeben.« »Warum hast du das getan?«, wollte Gott von Eva wissen. Eva redete sich heraus: »Die Schlange hat mich dazu verführt.«

Da sagte Gott zu den Menschen: »Ihr müsst diesen Garten verlassen. Viele Schmerzen und viel Leid werdet ihr außerhalb des Gartens kennen lernen. Euer Leben wird schwer und hart werden.«

So vertrieb Gott Adam und Eva aus dem Paradiesgarten. Kein Mensch sollte ihn jemals wieder betreten.

2.3 Ausschnittbild

2.4 Die Sonne

Thema:	*Symbol Sonne*
	Schöpfung
	Licht
Alter:	*ab 5 Jahre*
Arbeitsweise:	*Gruppenarbeit*
Dauer:	*ca. 25 Minuten*
Material:	*gelbes Krepppapier*
	Schere
	gelbe Wortkarten im Format 30 × 7 cm
	Stifte
	evtl. eine Kerze und Streichhölzer
Vorbereitungen:	*eventuell die Krepppapierrolle in 2 cm dicke Stücke schneiden,*
	Wortkarten und gelbe Stifte bereitlegen

Hinführung

»Die Sonne« ist eine einfache Bastelarbeit, die, eingeflochten in den Unterrichts- bzw. Gruppenstundenverlauf, als Gemeinschaftswerk entsteht. Bei zahlreichen Themen und symboldidaktischen Überlegungen kann sie als Ausgangspunkt der Betrachtung, als gestaltetes Element, zur Weiterarbeit oder Vertiefung eingebracht werden. Vor allem zur rhythmisch-pantomimischen Ausgestaltung von (Sonnen-)Liedern – wie z.B. »Gottes Liebe ist wie die Sonne«, »Sonne der Gerechtigkeit« oder »Vom Aufgang der Sonne« (siehe Anhang) – und symboldidaktischen Sequenzen ist sie bestens geeignet.

Als Element der Schöpfung kann die Sonne auch Anlass sein, über die Verbindung von Licht und Leben auf der Erde nachzudenken. Über das Thema Schöpfung hinaus kann die Sonne auch zu folgenden Themen gestaltet werden:

Jesus ist wie die Sonne, Gottes Liebe ist wie die Sonne, Geburt, Licht der Welt, Taufe, Sonne als Symbol für das Leben, Sonnengeschichten und -lieder.

Durchführung

* Eine Rolle Krepppapier wird in zusammengerolltem Zustand in ca. 2 cm breite Streifen geschnitten.
* Jeder Teilnehmer erhält einen Streifen, den er entrollt.

- Aus einem kürzeren Streifen wird ein Kreis geformt, der mit einem Knoten geschlossen wird.
- Jeder Teilnehmer fädelt seinen »Sonnenstrahl« durch den Kreis, so dass er anschließend die Enden seines Papierstreifens in den Händen hält.
- Zum Lied »Vom Aufgang der Sonne« wird die Sonne entsprechend dem Text aufwärts bewegt und geht wieder unter.
- Die Sonne wird am Boden abgelegt.
- Jeder nimmt sich einen vorbereiteten gelben Zettel und schreibt darauf eine Assoziation zum Begriff »Sonne«, z. B. Wärme, Licht, hell, Feuerball, Sommer, Sonnenaufgang, Sonnenbrand, Gestirn, Ferien, Sonnenbad, Sonnenfinsternis usw.
- Die Teilnehmer lesen abwechselnd ihre Wortkarten vor und legen sie an einem Sonnenstrahl ab.
- Eventuell wird in der Mitte der Sonne eine Kerze entzündet.
- Der Gruppe wird Gelegenheit gegeben, das Bodenbild auf sich wirken zu lassen.

Alternativen

Je nachdem, in welcher Altersstufe und unter welchem Aspekt die Sonne entsteht, ergeben sich methodische Alternativen:
- einen »Sonnenspaziergang« machen
- Sonne bewusst auf der Haut spüren
- Sonnenbilder betrachten, Gefühle äußern
- Metaphermeditation: »Wenn es die Sonne nicht gäbe …«
- Die Teilnehmer überlegen, wann sie für wen eine Sonne sein können; sie schreiben es auf die Strahlen einer gemalten oder aus gelbem Tonpapier gebastelten Sonne.
- Ebenso wie die Kerze in der Mitte der Sonne wärmt auch die Sonne selbst. Symbolisch für diese Wärme legt ein Teilnehmer für einen kurzen Moment seine Hände vorsichtig um die Kerzenflamme, bis sie sich warm anfühlen. Dann legt er seine Hände mit den Handinnenflächen auf die Handinnenflächen eines anderen Teilnehmers und gibt so die Wärme weiter. Derjenige, der die Wärme empfangen hat, wärmt nun seinerseits seine Hände an der Flamme und gibt ebenfalls die Wärme der Sonne bzw. Kerze weiter.

Lied: Vom Aufgang der Sonne

Vom Auf - gang der Son - ne bis zu ih - rem Nie - der - gang

sei ge - lo - bet der Na - me des Herrn,

sei ge - lo - bet der Na - me des Herrn!

Text: Psalm 113, 3
Musik: Paul Ernst Ruppel, 1938

2. Gottes Welt achten – die Schöpfung

3. Gottes Sohn kennen – Jesus

3.1 Jesus-ABC

Thema: *Jesus*
Alter: *ab ca. 14 Jahre*
Arbeitsweise: *Einzel- und Gruppenarbeit*
Dauer: *ca. 40 Minuten*
Material: *Bibeln*
Kopiervorlage
Stifte
Vorbereitungen: *benötigtes Material bereitstellen*

Hinführung

Was wissen wir von Jesus? Wie nehmen wir ihn wahr? Welches Bild zeichnet die Bibel von ihm?
In den synoptischen Evangelien erfahren wir über Jesu Leben am meisten; bei Paulus findet sein Auftreten weniger Beachtung.
Durch die folgende Methode wird alleine oder in Gruppenarbeit ein Bild von Jesus zusammengetragen. Es bietet sich an, vor der Übung Gleichnisse, Wundergeschichten und andere Evangeliumstexte gelesen zu haben.

Durchführung

*   Die Teilnehmer füllen das Jesus-ABC alleine, mit einem Partner oder in der Gruppe aus. Dies kann entweder aus der Erinnerung heraus passieren oder die Teilnehmer lesen begleitend verschiedene Textstellen aus der Bibel.
*   Der Austausch über die gefundenen Begrifflichkeiten ist erwünscht.

Jesus-ABC

A

B

C

D

E

F

G

H

I

J

K

L

M

N

O

P

Q

R

S

T

U

V

W

X

Z

Jesus-ABC (Beispiele)

Abendmahl, Auferstehung, Auferweckung, Auftrag

Betlehem, Bartimäus, Bergpredigt, Brot, beten, Botschaft, Berufung

Christus

Davids Sohn, dienen, danken

Engel, Evangelium, Ernte

Fischer, Fisch, fasten

Gottes Sohn, Galiläa, Gesetz, Gebot, Gerechtigkeit, Gelähmter, Gleichnis

Herodes, Hahn, Heiland, Himmel, heilen, Hirten, Herr

Israelit, Israel, Isaak

Jude, Judas, Jünger, Josef, Jerusalem, Johannes, Judäa, Jakob

Kreuz, Karfreitag, Kana, Kinder, Kranke, Kapharnaum, Knecht, Kreuzigung

Lahme, Leiden

Maria, Menschensohn, Messias

Nazareth, Nachfolge

Ostern

Pontius Pilatus, Petrus, Pharisäer, predigen

Retter, Rabbi, richten, Recht

Synagoge, See Genezareth, Simon, Sabbat, Sünder, Stall, Stern, Seligpreisungen, segnen

Taufe, Tod, teilen

Ufer

Verbrecher, Vater, Versöhnung, Vaterunser, Vertrauen, Verrat

Weihnachten, Wunder, Weizen, Wein

Zachäus, Zahn um Zahn, Zeichen

3.2   Namensbild

Thema:	*Jesus hat viele Namen*
Alter:	*ab ca. 9 Jahre*
Personen:	*Einzel- und Gruppenarbeit*
Dauer:	*ca. 40 Minuten*
Material:	*Tonpapier*
	Schere
	Stifte
	Kerze, Streichhölzer
	Bibeln, evtl. Gesangbücher
	Vornamenbuch, in dem die Bedeutung der Namen erklärt wird
Vorbereitungen:	*Auf das Tonpapier wird ein Rechteck bzw. ein Bilderrahmen gemalt. Entsprechend der Anzahl der Gruppenmitglieder mindestens einen dicken Papierstreifen zuschneiden; evtl. Texthinweise kopieren.*

Hinführung

Jesus trägt viele Namen. Spontan danach gefragt würde uns zunächst sicher »Sohn Gottes« einfallen. Und weiter? Hier geht es darum, verschiedene Namen, die für Jesus verwendet werden, kennenzulernen und zu sammeln. In einem weiteren Schritt kann gefragt werden, warum er so viele Namen trägt und was diese unterschiedlichen Namen über Jesus aussagen wollen. So entsteht in einem vorgefertigten Bilderrahmen ein Bild von Jesus, welches mittels der Namen jede Menge Auskunft über seine Person gibt.

Durchführung

*   Die Gruppenmitglieder werden danach gefragt, ob sie wissen, warum ihre Eltern gerade diesen Vornamen für sie ausgesucht haben.
*   Wer die Bedeutung seines Namens kennt, berichtet dies der Gruppe.
*   Die anderen schlagen die Bedeutung ihres Namens im Vornamenbuch nach.
*   Gemeinsam wird überlegt, ob der Name von der Bedeutung her zu dem jeweiligen Kind passt.
*   Danach wird der Name Jesus in den Blick genommen. Die Menschen haben ihm viele Namen gegeben. Jeder will uns damit etwas anderes über Jesus sagen.

3. Gottes Sohn kennen – Jesus

- Wer schon einen Namen für Jesus kennt, schreibt diesen auf einen Papierstreifen.
- Je nach Gruppengröße gibt der Gruppenleiter jedem Mitglied einen oder mehrere Texthinweise, in denen Namen für Jesus zu finden sind.
- Die Gruppenmitglieder schreiben den Namen jeweils auf einen Papierstreifen.
- Wenn alle Namen aus den Hinweisen gefunden wurden, stellt sich die Gruppe im Kreis auf. Der Gruppenleiter legt das Rechteck in die Mitte, stellt eine Kerze darauf und entzündet sie. Er spricht: »Jesus sagt: Ich bin das Licht der Welt!« Dieser Satz kann auch auf den Bilderrahmen geschrieben werden.
- Nun legen die Mitglieder nacheinander ihre beschrifteten Streifen in das Bild und nennen laut den Namen, z. B. »Friedefürst«.
- Die Gruppe wiederholt gemeinsam: »Jesus – der Friedefürst.« Dann ist der Nächste an der Reihe. So wird fortgefahren, bis alle Textstreifen abgelegt sind.

Alternative 1

Die Gruppenmitglieder erhalten anstelle der Texte nur die Bibelstellen bzw. die Stellen im Gesangbuch und müssen die Hinweise selbst heraussuchen.

Alternative 2

Nach der Einführung und Erklärung der Bedeutung ihrer eigenen Namen gestalten die Gruppenmitglieder zunächst ein Gruppennamensbild, das im Raum oder an der Tür aufgehängt wird. Auf den Bilderrahmen schreibt man z. B.: »Wir gehören zusammen.« Dieses Namensbild kann eventuell auch Element einer kleinen Andacht werden.

Alternative 3

Die Gruppenmitglieder tragen die in den entsprechenden Bibelstellen gefundenen Namen für Jesus in die Kopiervorlage ein.

Weiterführung

Im ersten Gebot heißt es: Du sollst dir kein Bild von mir machen. Dennoch geben die Namen, die in der Bibel für Gott verwendet werden, ein klares Bild von ihm ab.

In gleicher Weise wie oben beschrieben kann auch ein Namensbild für »Gott« angefertigt werden, z.B. nach Psalm 127,2, Psalm 91,1 oder Psalm 149,2.

Bibelstellen mit Namen

Eine Kopiervorlage für ein Arbeitsblatt ohne Nennung der Namen findet sich auf der CD-ROM.

Lukas 2,11: Heiland
Daniel 6,28: Retter und Nothelfer
Markus 15,39: Gottes Sohn
Daniel 7,1–28: Menschensohn
Philipper 2,11: der Herr
Johannes 1,29: Lamm Gottes
Jesaja 52,13: Gottesknecht
Johannes 1,1.14: logos, Wort
Matthäus 9,12: Arzt
Johannes 3,29: Bräutigam
Johannes 6,35: Brot des Lebens
Hebräer 2,11: Bruder
1 Korinther 15,3–8: Christus
Epheser 2,20: Eckstein
Johannes 15,15: Freund
Apostelgeschichte 3,15: Fürst des Lebens
1 Petrus 3,18: Gerechter
Johannes 1,38: Rabbi
Johannes 19,3: König
Johannes 4,42: Retter
Hebräer 4,15: Hoherpriester
Johannes 10,11: Hirte
Johannes 11,25: Lebendiger
Johannes 6,14: Prophet
Johannes 15,1: Weinstock
Johannes 13,13: Lehrer, Meister
Johannes 8,12: Licht
Johannes 10,7: Tür

3.3 Jesus, der Menschenfischer

Thema:	*Jüngerberufung*
	(Markus 1,16–20)
Alter:	*ab ca. 5 Jahre*
Arbeitsweise:	*Einzel- und Gruppenarbeit*
Dauer:	*ca. 40 Minuten*
Material:	*Kopiervorlagen »Fisch« und »Netz«*
	blaues Papier, evtl. Papier in einer anderen Farbe
	Scheren
	Stifte
	Klebstoff
Vorbereitungen:	*benötigtes Material bereitstellen*
	evtl. den Erzählvorschlag kopieren, damit die Teilnehmer die Namen der Jünger abschreiben können

Hinführung

In nur fünf Zeilen erfahren wir von vier wichtigen Lebensentscheidungen. Gefühle, Reaktionen, Gesprächssequenzen bleiben ausgespart; die Geschichte wird auf das Wesentliche beschränkt. Jesus macht zunächst Andreas und Simon zu Menschenfischern, weitere folgen.
Die Berufungsgeschichte findet sich mit kleineren Abweichungen auch in Lukas 5,1–11 und Johannes 1,35–49.

Durchführung

- Die Teilnehmer betrachten das Bild vom Netz und äußern ihre Assoziationen und Beobachtungen.
- Sie hören die Geschichte von der Jüngerberufung.
- Mit Hilfe der Fisch-Schablonen schneiden sie aus blauem Papier Fische aus und schreiben jeweils den Namen eines Jüngers in einen Fisch.
- Der Begriff »Menschenfischer« wird geklärt.
- Anschließend werden die Fische in das Fischernetz geklebt.
- Wer möchte, faltet noch ein Papierboot dazu (siehe unter 5.11) oder malt noch einen Fischer an den Rand des Bildes.

Die Kopiervorlage und die Fischvorlage werden vergrößert. Zusätzlich zu den Fischen mit den Namen der Jünger bereitet die Gruppe Fische mit ihren eigenen Namen vor, evtl. aus andersfarbigem Papier. Diese Fische werden dann ebenfalls ins Netz geklebt. Jesus will, dass alle Menschen ihm nachfolgen – also auch wir.

Erzählvorschlag: Die Berufung der ersten Jünger

Oft ging Jesus am See von Galiläa entlang. Dort drängten sich immer viele Menschen um ihn, um sein Wort zu hören. Einmal sah er auf dem See zwei Boote. Sie gehörten dem Fischer Simon und dessen Bruder Andreas, die gerade ihre Netze ins Wasser warfen. Da sagte Jesus zu ihnen: »Kommt mit mir. Folgt mir nach. Ich werde euch zu Menschenfischern machen.« Simon und Andreas ließen ihre Netze liegen und gingen mit Jesus.

Als Jesus noch ein Stück weiter gegangen war, sah er Jakobus und seinen Bruder Johannes, die Söhne des Zebedäus. Sie waren ebenfalls Fischer. So saßen sie gerade in ihrem Boot und brachten ihre Netze in Ordnung. Sofort rief Jesus Jakobus und Johannes zu sich. Auch sie ließen ihre Netze liegen, verabschiedeten sich von ihrem Vater Zebedäus und ließen ihn allein im Boot zurück.

Immer mehr Menschen folgten Jesus nach und wurden seine Begleiter. Jesus wählte zwölf von ihnen aus: Simon (Petrus), Andreas, Johannes und Jakobus, die Söhne des Zebedäus, Philippus, Bartholomäus, Matthäus, Thomas, Jakobus, den Sohn des Alphäus, Thaddäus, Simon und Judas. Sie sollten überall mit ihm hingehen und auch alleine in den Städten predigen, was sie von ihm gelernt hatten.

Auch einige Frauen wurden seine Jüngerinnen: Maria aus Magdala, Johanna, die Frau des Beamten Chusa, und Susanna.

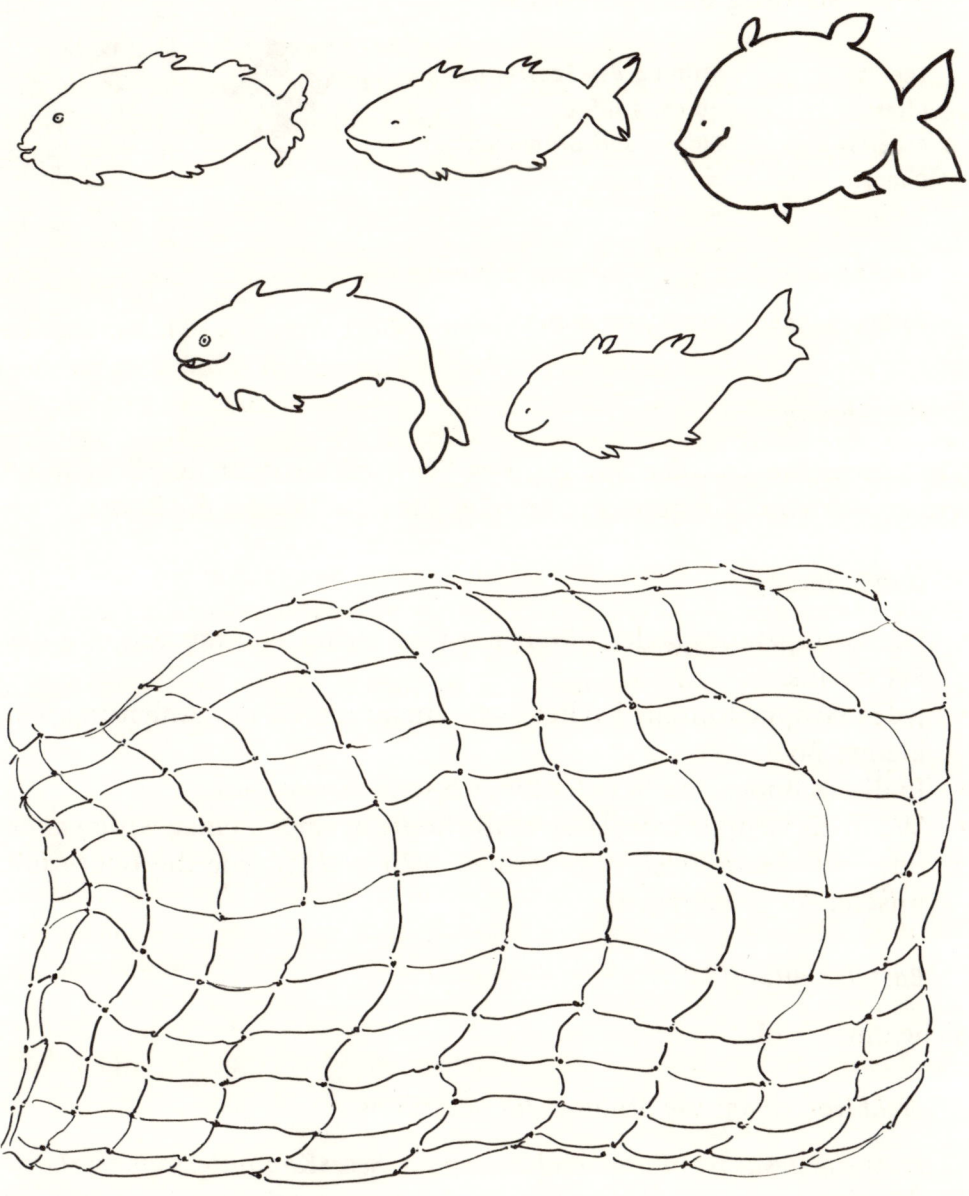

3.4 Stillung des Seesturms

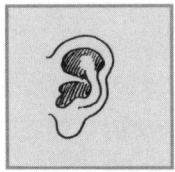

Thema:	*Stillung des Seesturms*
Alter:	*ab ca. 5 Jahre*
Arbeitsweise:	*Einzel- und Gruppenarbeit*
Dauer:	*ca. 40 Minuten*
Material:	*Papier*
	Schere
	Stifte
Vorbereitungen:	*benötigtes Material bereitstellen*

Hinführung

Die Geschichte von der Stillung des Seesturms macht deutlich: Jesus wusste sich von Gott getragen. So trägt auch das Wasser die Boote.

Durchführung

- Die Gruppenmitglieder hören die Geschichte von der Stillung des Seesturms.
- Jedes Gruppenmitglied faltet sich, entsprechend der Anleitung, ein kleines Boot.
- In dieses Boot schreibt jeder für sich seine Ängste auf.
- Wenn die Gruppe mag, lässt sie die Boote in einer kleinen Badewanne oder auf einem Teich schwimmen. Wir werden wie die Boote mit unserer Angst getragen.

Bastelanleitung

Siehe unter 5.11.

Erzählvorschlag: Die Stillung des Seesturms

Es ist Abend. Jesus ist mit seinen Jüngern am See. »Kommt!«, sagt er: »Lasst uns hinüber zum anderen Ufer fahren.« Die Jünger steigen zu Jesus ins Boot und dann fahren sie los. Auch andere Boote sind auf dem See. Doch plötzlich kommt ein schwerer Sturm auf. Einfach so, aus heiterem Himmel. Von einer Sekunde auf die andere verdunkeln sich die Wolken. Der Wind heult, Wellen schlagen ins Boot, Regen peitscht ihnen ins Gesicht. Den Jüngern, die eben noch fröhlich beieinander saßen, steht das Entsetzen ins Gesicht geschrie-

ben. Heftig schaukelt ihr Boot auf den Wellen auf und ab und hin und her und auf und ab. Die Jünger geraten in Panik. Schon oft waren sie, die Fischer, mit den Booten unterwegs gewesen. Doch jetzt sind sie ratlos. Was können sie tun? Angst und Panik greifen um sich.

Das Boot füllt sich mit Wasser. Jesus aber liegt hinten im Boot und schläft. Ja, Jesus, den hätten sie in ihrer Angst fast vergessen.

Wie kann er in dieser Situation nur seelenruhig schlafen? Warum ist er von dem Sturm nicht längst aufgewacht? Die Jünger staunen nicht schlecht. Sollen sie sich nun wundern oder über Jesus ärgern, wie er da so liegt und schläft?

Die Jünger rufen. Sie rütteln ihn wach: »Jesus, wir werden untergehen, das Boot hat sich schon mit Wasser gefüllt.« Jesus bleibt ganz ruhig. Cool würdet ihr heute sagen. Er tut nicht viel. Er hat die Situation mit einem Blick erfasst. Er spricht ein Machtwort – nicht zu den Jüngern, sondern zum See: »Sei still!«, sagt er zum Sturm.

Einfach so: Sei still! Da ist dieser tobende, erschreckende schwarze See, der alles mitzureißen droht. Der See, in dem alle untergehen können, wenn sich der Sturm nicht endlich legt, und was macht Jesus? Erst schläft er. Dann sagt er einfach »sei still«. Als ob das so einfach wäre.

Aber was geschieht? Es wird still. Der Wind legt sich; der See beruhigt sich. Da legt sich auch die Aufregung der Jünger. Ihr Rufen und Schreien verhallt. Jetzt staunen sie. Wer ist dieser Jesus, dass ihm sogar der Wind und die Wellen gehorchen? Furcht sieht man jetzt auf ihren Gesichtern. Jesus aber fragt: »Warum habt ihr solche Angst gehabt?«

»Habt ihr denn kein Vertrauen?«

Mehr sagt er nicht. Aber er hätte auch sagen können: »Vertraut doch auf Gott. Ich sitze doch mit euch in einem Boot.«

3.5   Der verlorene Sohn

Thema:	*Gleichnis vom verlorenen Sohn (Lukas 15,11–32)*
Alter:	*ab ca. 11 Jahre*
Arbeitsweise:	*Einzel- und Gruppenarbeit*
Dauer:	*20 Minuten*
Material:	*Stifte*
	Kopiervorlage
Vorbereitungen:	*benötigtes Material bereitlegen*

Hinführung

Die Geschichte vom »verlorenen Sohn« ist eine der bekanntesten aus der Bibel. Worum geht es darin? Vielleicht können wir doch noch etwas Neues an ihr entdecken, einen anderen Schwerpunkt setzen. Jede Auseinandersetzung mit einer biblischen Geschichte bleibt spannend.

Durchführung

- Die Gruppenmitglieder erhalten im Vorfeld einer intensiven Auseinandersetzung mit der Geschichte vom verlorenen Sohn das Arbeitsblatt. Darauf sollen sie mögliche Überschriften bzw. ihrer Meinung nach zutreffende Formulierungen zur Geschichte ankreuzen.
- Nach intensiver Beschäftigung mit dem Gleichnis wird das Arbeitsblatt erneut ausgeteilt und ausgefüllt. Unterschiede und Auffälligkeiten werden in der Gruppe besprochen, gewählte Formulierungen unter Umständen verteidigt und begründet.

Bevor ihr euch mit der Geschichte (erneut) intensiv auseinandersetzt, kreuzt bitte in der linken Spalte alle Formulierungen an, die eurer Meinung nach zum Gleichnis passen. Wenn ihr wollt, könnt ihr auch eigene Formulierungen ergänzen.

Holt die Tabelle nach der Beschäftigung mit dem Gleichnis noch mal hervor und kreuzt nun in der rechten Spalte an, was für euch zutreffend ist. Gibt es Abweichungen, Ergänzungen? Was fällt auf?

Vorher   Nachher

○   ○   Die Geschichte eines habgierigen Sohnes, der am Ende einsieht, dass Geld nicht alles ist

○   ○   Die Geschichte einer weisen Entscheidung

○   ○   Entdeckung der Freiheit

○   ○   Strittige Erbschaftsangelegenheit

○   ○   Aufruf zu bedingungsloser Liebe

○   ○   Der ganz andere Vater

○   ○   Auferstehung von den Toten

○   ○   Eine Einladung zum Mitfreuen

○   ○   Liebe braucht keine Worte

○   ○   Eine verspielte Chance

○   ○   Die Geschichte einer wunderbaren Liebe zu Gott

○   ○   Frechheit siegt

○   ○   Eine Reise ins Ungewisse

○   ○   Eine Geschichte vom gütigen himmlischen Vater

○   ○   Ausbruch aus familiärer Enge

○   ○   Was aus Habgier werden kann

○   ○   Damit Kinder zurückkehren, muss man sie gehen lassen

○   ○   In Gottes Haus gibt es nur Freiwillige

○   ○   Umkehr mit Reue

○   ○   Eine ganz alltägliche Familiengeschichte

○	○	Warnung vor Habgier
○	○	Von einem, der auszog, die Heimat schätzen zu lernen
○	○	Geschwisterneid
○	○	Die Geschichte einer heilsamen Lehre
○	○	Gott ist wie ein guter Vater
○	○	Die Geschichte einer Belehrung
○	○	Das hat man nun davon
○	○	Hochmut kommt vor dem Fall
○	○	Wer sich für was Besseres hält, hat nichts Besseres verdient
○	○	Eine Geschichte, die auch nach 2000 Jahren noch aktuell ist
○	○	Kinder bleiben ein Leben lang die Kinder
○	○	Gott ist nah
○	○	Was sollen die Nachbarn denken?
○	○	Einladung an den Tisch des Herrn
○	○	Eine total ungerechte Geschichte
○	○	Eine Geschichte von Unfreiheit und Unzufriedenheit
○	○	Bruderliebe
○	○	Umkehr ist möglich
○	○	_____
○	○	_____
○	○	_____

Erzählvorschlag: Das Gleichnis vom verlorenen Sohn (Lukas 15, 11–32)

Ein Mann hat zwei Söhne. Eines Tages will der Jüngere nicht länger zuhause bleiben. Er will hinaus in die große weite Welt, er will frei und unabhängig sein. Darum sagt er zu seinem Vater: »Vater, gib mir das Erbteil, das mir zusteht.« Damit möchte der Sohn machen was er will. – Ist schon heftig, oder? Da lebt der Vater noch und der Sohn denkt nur an sein Erbe!

3. Gottes Sohn kennen – Jesus

Doch der Vater verteilt das Erbe. Er gibt dem jüngeren Sohn, was ihm zusteht. Und der Sohn packt seine Sachen zusammen und zieht in die Fremde.

Er genießt es, frei zu sein.

Er genießt es, unabhängig zu sein.

Ach ist das schön, tun und lassen zu können was man will. Niemand sagt: Tu dieses oder jenes.

Sein Geld gibt er mit vollen Händen aus. Noch hat er ja genug davon. Aber es wird immer weniger. Da wenden sich auch die Menschen von ihm ab, von denen er dachte, sie seien seine Freunde. Nichts bleibt ihm mehr. Wirklich gar nichts. Kein Geld. Keine Freunde. Kein Essen. Er hat kein Dach über dem Kopf. Hat er noch ein Zuhause?

Schließlich bleibt ihm nichts anderes übrig, als sich eine Arbeit zu suchen. Er hat Glück im Unglück und darf Schweine hüten.
Sehnsüchtig schaut er auf das Futter der Schweine. Wie gerne würde er davon etwas essen.

Er denkt an zuhause. Dort haben die Knechte seines Vaters ausreichend zu essen. Und er sitzt hier zwischen Schweinen und hat nichts – nur Hunger hat er.

Großen Hunger.

Und als er wieder einmal im Stall zwischen den Schweinen sitzt, überlegt er sich, zurück zu seinem Vater zu gehen.

Er will sagen: »Behandle mich wie einen deiner Knechte.«

Hat er verstanden, was er damals aufs Spiel gesetzt hat? Hat er es wirklich begriffen? Oder will er nur zum Vater heimkriechen, weil er so tief am Boden ist, dass er gar nicht mehr tiefer fallen kann?

Er macht sich also auf und geht zu seinem Vater. Was muss das für ein Gefühl sein? Nach all der Zeit zurückzukommen mit nichts mehr als dem Hemd auf dem Leib? Welche Schmach, welche Überwindung? Er, der auszog in die weite Welt, um seine Freiheit zu genießen, kommt nun als Bittsteller. Bestimmt hat der Sohn auch Angst. Was wird der Vater sagen oder tun?

Wie wird der Bruder reagieren?

Was meint ihr?

Schon von weitem sieht ihn sein Vater kommen. Der Sohn schaut auf den Boden, blass ist er geworden. Träume ich oder wach ich, denkt der Vater. Und er rennt los, fällt ihm um den Hals und küsst ihn.

Der Sohn sagt zu ihm: »Vater, ich habe gesündigt gegen den Himmel und vor dir. Ich bin nicht mehr wert, dein Sohn zu heißen.« Doch der Vater lässt ihn gar nicht ausreden. Es kommt auch nicht die Strafpredigt des Vaters, die wir eigentlich erwarten würden: »Das hast du dir alles selbst zuzuschreiben ... Kein Wunder ...« Der Vater sagt kaum etwas. Er fällt seinem Sohn einfach um den Hals. Manchmal ist das viel besser und viel wichtiger als viele Worte.

Der Vater lässt Kleider und Schuhe für ihn bringen. Ein Ring wird ihm an den Finger gesteckt.

Und der Vater feiert ein Freudenfest.

Grund zur Freude hat er genug: »Mein Sohn war tot und ist wieder lebendig! Er war verloren und ist gefunden worden!«

Grund zur Freude für den Vater!

Aber auch Grund zur Freude für den verlorenen Sohn, den wieder gefundenen Sohn? Wie mag er sich fühlen? Beschämt, verunsichert, erleichtert? Das erzählt uns die Geschichte nicht. Wir können nur vermuten, wie es dem jüngeren Sohn geht.

Grund zur Freude für den älteren Bruder?

Als der von der Arbeit auf dem Feld nach Hause kommt, hört er schon von weitem Musik. Was ist da bloß los auf dem Hof meines Vaters?

Ein Knecht erzählt es ihm: »Dein Bruder ist wieder nach Hause gekommen. Jetzt feiern wir alle ein Fest. Dein Vater hat ein Mastkalb schlachten lassen.« Hier erzählt uns die Geschichte, wie der ältere Bruder reagiert. Er ist verärgert und wütend. Er versteht das alles nicht. Und das sagt er dem Vater auch: »Ich habe dir so viele Jahre gedient, nie gab es Grund zur Klage. Aber für mich hast du noch nie auch nur einen Ziegenbock geschlachtet. Mein Bruder hat sein ganzes Geld verprasst, und für ihn feierst du ein großes Fest.«

Der Vater versucht es dem Sohn zu erklären: »Mein Sohn, du warst all die Jahre bei mir. Dein Bruder war tot und ist wieder lebendig. Er war verloren und ist wiedergekommen.«

Aber der Ältere versteht den Vater nicht. Im Moment kommt er sich auch ein bisschen verloren vor. So hat er auch keine Lust, zum Fest zu gehen.

3. Gottes Sohn kennen – Jesus

3.6 Dornenkrone

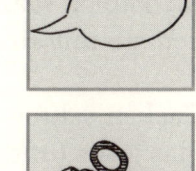
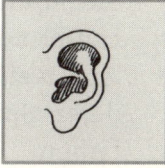

Thema:	*Karfreitag*
	Passion Jesu
	Kreuz
Alter:	*ab ca. 10 Jahre*
Arbeitsweise:	*Einzel- und Gruppenarbeit*
Dauer:	*insgesamt ca. 20 Minuten*
	(unter Einbeziehung der
	Kreuzigungsgeschichte
	ca. 30 Minuten)
Material:	*weißes Kopierpapier DIN-A4*
	rote Filzstifte oder Wachsmalstifte
	Stacheldraht aus dem Baumarkt
	Stifte
	Scheren
	Liedblätter
Vorbereitungen:	*Liedblatt kopieren*
	benötigtes Material bereitstellen

Hinführung

Die Dornenkrone erinnert an Jesu Leiden und Sterben. Sie kann eventuell auch in Verbindung mit dem Sorgenkreuz gestaltet und übers Kreuz gehängt werden. Zusammen mit dem Singen des Liedes eignet sich das Element auch für eine kleine Andachtsfeier.
(Siehe auch 5.2.)

Durchführung

- Ein Stück Stacheldraht wird zu einem Kreis (Dornenkrone) gebogen.
- Die Krone wird im Kreis vorsichtig herumgereicht; jeder fühlt die spitzen Stacheln.
- »Stell Dir vor, eine solche Krone hat man Jesus auf den Kopf gesetzt.« Die Gruppenmitglieder äußern ihre Emotionen und Gedanken; sie versuchen sich einzufühlen in die körperlichen und seelischen Schmerzen.
- Sie hören die Geschichte von Jesu Kreuzigung (Erzählvorschlag siehe 5.2).

- Sie lesen und besprechen den Paul-Gerhardt-Text des Liedes »O Haupt voll Blut und Wunden«.
- Aus weißem Papier schneiden die Gruppenmitglieder Zacken aus, deren Spitzen sie mit einem roten Filz- oder Wachsmalstift »blutig« färben.
- Auf diese Zacken schreibt jedes Mitglied einen Begriff, der das Leid ausdrückt, das Jesus (und die Menschen der damaligen Zeit) empfunden haben müssen. Alternativ dazu können auch Begriffe aufgeschrieben werden, die etwas mit dem Leid in der heutigen Welt, in unserem Umfeld zu tun haben.
- Die Zacken werden nacheinander vorgelesen und an die Stacheln der Krone gesteckt.
- Nach ca. 5 aufgesteckten Zacken wird als Unterbrechung jeweils die erste Strophe des Liedes »O Haupt voll Blut und Wunden« gesungen, bevor die nächsten Zacken angebracht werden. Sind alle Zacken auf die Krone gesteckt worden, wird das gesamte Lied gesungen.

Kopiervorlage: Liedblatt »O Haupt voll Blut und Wunden«

O Haupt voll Blut und Wun - den, voll Schmerz und vol - ler Hohn;
o Haupt, zum Spott ge - bun - den mit ei - ner Dor - nen - kron;

o Haupt, sonst schön ge - krö - net mit höchs - ter Ehr und Zier,

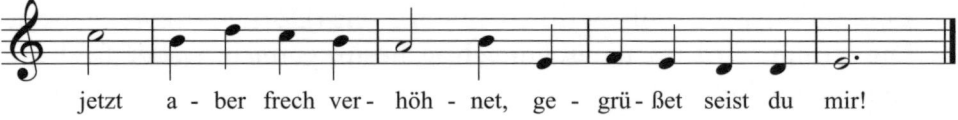

jetzt a - ber frech ver - höh - net, ge - grü - ßet seist du mir!

3. Gottes Sohn kennen – Jesus

1. O Haupt voll Blut und Wunden,
   voll Schmerz und voller Hohn,
   o Haupt, zum Spott gebunden
   mit einer Dornenkron,
   o Haupt, sonst schön gekrönet
   mit höchster Ehr und Zier,
   jetzt aber frech verhöhnet,
   gegrüßet seist du mir!

2. Erkenne mich, mein Hüter,
   mein Hirte, nimm mich an!
   Von dir, Quell aller Güter,
   ist mir viel Guts getan.
   Dein Mund hat mich gelabet
   mit Milch und süßer Kost,
   dein Geist hat mich begabet
   mit mancher Himmelslust.

3. Ich will hier bei dir stehen,
   verachte mich doch nicht,
   von dir will ich nicht gehen,
   wenn dir dein Herze bricht;
   wenn dein Haupt wird erblassen
   im letzten Todesstoß,
   alsdann will ich dich fassen
   in meinen Arm und Schoß.

4. Wenn ich einmal soll scheiden,
   so scheide nicht von mir;
   wenn ich den Tod soll leiden,
   so tritt du dann herfür;
   wenn mir am allerbängsten
   wird um das Herze sein,
   so reiß mich aus den Ängsten
   kraft deiner Angst und Pein.

5. Erscheine mir zum Schilde,
   zum Trost in meinem Tod
   und lass mich sehn dein Bilde
   in deiner Kreuzesnot.
   Da will ich nach dir blicken,
   da will ich glaubensvoll
   dich fest an mein Herz drücken.
   Wer so stirbt, der stirbt wohl.

Weise: Hans Leo Haßler (1564–1612);
Text: Paul Gerhardt (1607–1676)

Alternative

Auf die Zacken werden nur Begriffe geschrieben, die sich auch im Liedtext finden und mit dem Todestag Jesu in Verbindung gebracht werden können.

Erzählvorschlag Dornenkrone

Siehe unter 5.2.

3.7   Sorgenkreuz

Thema:	*Karfreitag*
	Sorgen/Ängste
	Kreuz/Leid
Alter:	*ab ca. 8 Jahre*
Arbeitsweise:	*Einzel- und Gruppenarbeit*
Dauer:	*ca. 30 Minuten*
Material:	*zwei unterschiedlich lange Hölzer*
	Nägel
	Hammer
Vorbereitungen:	*benötigtes Material bereitstellen*

Hinführung

Siehe 5.2.

Durchführung

- Aus zwei Dachlatten oder Vierkanthölzern wird ein Kreuz gezimmert.
- Auf vorbereitete Kärtchen schreiben die Teilnehmer ihre Sorgen.
- Diese werden anschließend ans Kreuz genagelt.
- Das Kreuz bleibt während der Passions- und Osterzeit im Gruppenraum stehen. Schön ist es, wenn es in eine Andacht oder einen Gottesdienst einbezogen wird.

Hinweis

Das Sorgenkreuz kann gut in Verbindung mit der Dornenkrone (siehe 3.7) bearbeitet werden.

Erzählvorschlag

Siehe 5.2.

3.8 Sudoku

Thema:	*Kernaussagen des Glaubens*
Alter:	*ab ca. 6 Jahre*
Arbeitsweise:	*Einzelarbeit*
Dauer:	*ca. 10 Minuten pro Sudoku*
Material:	*Kopiervorlagen*
	Schere
	Stifte
Vorbereitungen:	*benötigtes Material bereitstellen*

Hinführung

Mittels Sudoku sollen sich die Teilnehmer mit biblischen Kernaussagen beschäftigen.

Als Regel beim Sudoku gilt: In jeder Zeile und Spalte sowie in jedem Block darf jedes Wort nur einmal auftauchen. So werden die noch möglichen Worte in den freien Kästchen des Sudokus Schritt für Schritt eingeschränkt bzw. für eine Zelle des Sudokus das betreffende Wort ermittelt.

Gott ist die Liebe

ist			
	Gott		
Liebe		Gott	die
			Liebe

Auflösung:

ist	*Liebe*	*die*	*Gott*
die	Gott	*Liebe*	*ist*
Liebe	*ist*	Gott	die
Gott	*die*	*ist*	Liebe

Gott segnet alle Menschen

Gott	segnet		Menschen
	Menschen		
Menschen			Gott

Auflösung:

Gott	segnet	*alle*	Menschen
alle	Menschen	*Gott*	*segnet*
segnet	Gott	*Menschen*	*alle*
Menschen	alle	*segnet*	Gott

Der Herr segne und behüte dich

	dich				
und		Der		Herr	
					und
Der					
	Herr		segne		behüte
				dich	

Auflösung:

segne	dich	*Herr*	*behüte*	*und*	*Der*
und	*behüte*	Der	*dich*	Herr	*segne*
Herr	*segne*	*dich*	*Der*	*behüte*	und
Der	*und*	*behüte*	*Herr*	*segne*	*dich*
dich	Herr	*und*	segne	*Der*	behüte
behüte	*Der*	*segne*	*und*	dich	*Herr*

4. Gottes Haus besuchen und ihm begegnen – Kirche und Glaube

4.1   Spurensuche

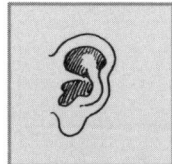

Thema:	*Kirche*
Alter:	*ab ca. 13 Jahre*
Arbeitsweise:	*Einzel- und Gruppenarbeit*
Dauer:	*ca. 20 Minuten*
Material:	*Lineal*
	Cutter
	Schere
	Klebstoff
	Stifte
Vorbereitungen:	*benötigtes Material bereitstellen*

Hinführung

Die hier vorgestellte Methode eignet sich vor allem zum Einstieg in das Thema Kirche. Es können Vorerfahrungen, Vorurteile und Fragen artikuliert werden. Der weitere Verlauf der Themenbearbeitung kann sich hieraus konkret ergeben, ohne an den Bedürfnissen der Teilnehmer vorbeizugehen. Die Idee eignet sich auch, wenn es darum geht, seinen eigenen Standpunkt zu einem Thema zu vertreten.

Durchführung

* Jeder Teilnehmer stellt sich auf ein Stück Papier und malt die Umrisse seiner Füße nach. Anschließend stellen sich alle hinter ihrem Fußabdruck im Kreis auf.
* Wer nun etwas an Vorerfahrungen, Assoziationen oder Wissen zum Thema äußern möchte, hat seinen »Auftritt«. Das heißt, der betreffende Teilnehmer stellt sich auf seinen Fußabdruck und erzählt.
* Hatte jeder seinen Auftritt, drehen die Teilnehmer ihre Fußabdrücke in Kreisrichtung und stellen sich daneben.
* Einer würfelt mit einem Schaumstoffwürfel und geht dann, bei seinem Fußabdruck beginnend, die entsprechende Augenzahl an Fuß-

abdrücken weiter. Der Teilnehmer, der am Endpunkt steht, wird nun von dem Würfelnden zum Thema befragt. Hierbei kann es um Meinungen, Stimmungen oder konkrete Fragen gehen.

- Anschließend darf der Befragte würfeln usw.

4.2 Segenssspruch Urbi et Orbi

Thema:	*Segen*
Alter:	*ab ca. 12 Jahre*
Arbeitsweise:	*Einzel- und Gruppenarbeit*
Dauer:	*ca. 40 Minuten*
Material:	*Kopiervorlagen*
	Stoffmalstifte
	breite Stoffbänder in unterschiedlichen Farben
	evtl. Zweige für Osterstrauß
Vorbereitungen:	*benötigtes Material bereitstellen*
	Segensformeln kopieren

Hinführung

In mehr als 60 Sprachen erteilt der Papst jährlich am ersten Weihnachtsfeiertag und am Ostersonntag vom Balkon des Peterdoms in Rom den apostolischen Segen Urbi et Orbi. Millionen von Gläubigen verfolgen diese feierliche Zeremonie der katholischen Kirche vor dem Fernseher, im Radio, im Internet oder direkt auf dem Petersplatz. Für die Gläubigen guten Willens ist diese Zeremonie auch mit einem Sündenablass verbunden.

Durchführung

- Die Gruppenmitglieder berichten von ihren Eindrücken, die sie bei der Übertragung des Segensspruches Urbi et Orbi z. B. im Fernsehen gewonnen haben.
- Sie lesen sich die lateinische Fassung durch. Was versteht man auch ohne die Sprache zu kennen?
- Die deutsche Übersetzung wird gelesen und besprochen.
- Anschließend wird der Osterwunsch in verschiedenen Sprachen gelesen und besprochen.
- Was bedeuten Segen und Segnen für uns? Welche persönlichen Segenserfahrungen haben wir machen dürfen?
- Der Ostersegen wird mit Stoffmalstiften von oben nach unten auf breite Stoffbänder geschrieben. Diese Bänder können in einen Osterstrauß geknotet oder am Ende eines Ostergottesdienstes verteilt werden.

Kopiervorlage: Die lateinische Segensformel

Sancti Apostoli Petrus et Paulus, de quorum potestate et auctoritate confidimus, ipsi intercedant pro nobis ad Dominum.

Amen.

Precibus et meritis beatæ Mariæ semper Virginis, beati Michaelis Archangeli, beati Ioannis Baptistæ et sanctorum Apostolorum Petri et Pauli et omnium Sanctorum misereatur vestri omnipotens Deus et dimissis omnibus peccatis vestris, perducat vos Iesus Christus ad vitam æternam.

Amen.

Indulgentiam, absolutionem et remissionem omnium peccatorum vestrorum, spatium veræ et fructuosæ pænitentiæ, cor semper pænitens et emendationem vitæ, gratiam et consultationem Sancti Spiritus et finalem perseverantiam in bonis operibus, tribuat vobis omnipotens et misericors Dominus.

Amen.

Et benedictio Dei omnipotentis: Patris et Filii et Spiritus Sancti descendat super vos et maneat semper.

Amen.

Kopiervorlage: Die Segensformel auf Deutsch

Die heiligen Apostel Petrus und Paulus, auf deren Machtfülle und Autorität wir vertrauen, sie selbst mögen beim Herrn für uns Fürsprache halten.

Alle: Amen.

Aufgrund der Fürsprache und der Verdienste der seligen, allzeit jungfräulichen Mutter Maria, des heiligen Erzengels Michael, des heiligen Johannes des Täufers und der heiligen Apostel Petrus und Paulus und aller Heiligen erbarme sich euer der allmächtige Gott, und nachdem er alle eure Sünden vergeben hat, führe euch Jesus Christus zum ewigen Leben.

Amen.

Der allmächtige und barmherzige Herr gewähre euch Nachlass, Vergebung und Verzeihung all eurer Sünden, einen Zeitraum echter und fruchtbarer Reue, ein allzeit bußfertiges Herz und Besserung des Lebens, die Gnade und die Tröstung des Heiligen Geistes und die endgültige Ausdauer in den guten Werken.

Amen.

Und der Segen des allmächtigen Gottes, des Vaters und des Sohnes und des Heiligen Geistes komme auf euch herab und bleibe bei euch allezeit.

Amen.

Der päpstliche Osterwunsch in verschiedenen Sprachen

Deutsch

Euch allen ein gesegnetes und frohes Osterfest! Der Friede und die Freude des auferstandenen Herrn sei mit euch.

Englisch

May the grace and joy of the Risen Christ be with you all.

Französisch

Le Christ est ressuscité. Sainte fête de Pâques! Que pour vous ce mystère soit source de bonheur et de paix profonde.

Lateinisch

Dominus meus et Deus meus!

Polnisch

Chrystus zmartwychwstał.

Italienisch

Buona Pasqua a voi, uomini e donne di Roma e d'Italia!
Il messaggio di speranza, di fraternità e di pace, che ogni anno in questo Giorno santo si rinnova con vigore, giunga agli abitanti dell'amata Nazione italiana, e rechi, soprattutto alle famiglie, la gioia e la serenità del Signore risorto.

Spanisch

Os deseo a todos una buena y feliz fiesta de Pascua, con la paz y la alegría, la esperanza y el amor de Jesucristo Resucitado.

Türkisch

Paskalya bayramini kutlarim.

4.3   Segenshut

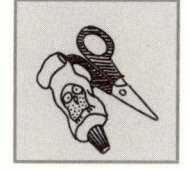

Thema:	*Segen*
Alter:	*ab ca. 5 Jahre*
Arbeitsweise:	*Einzel- und Gruppenarbeit*
Dauer:	*ca. 20 Minuten*
Material:	*Stifte*
	Papier
Vorbereitung:	*benötigte Materialien bereitstellen*

Hinführung

Diese Bastelarbeit macht für Kinder sichtbar und begreifbar, was es heißt, unter dem Segen des Herrn zu stehen.
Jemanden zu segnen bedeutet, ihn Gott anzuvertrauen. Manche Christen öffnen ihre Hände, wenn sie den Segen Gottes empfangen wollen. Diese Symbolik zeigt, dass sie sich für Gott öffnen und so seine Kraft in sie hineinströmen kann.

Durchführung

Die Gruppenmitglieder falten nach Anleitung einen Segenshut. Darauf schreiben sie: »Der Herr segne dich und behüte dich.«

Bastelanleitung Segenshut

1.   Ein Blatt Papier (DIN-A4) der Linie entlang falten.

2.   Markiere die Mittellinie mit einem kleinen Falz.

3.

Die beiden oberen Ecken nach unten falten.

4.

Das sieht dann etwa so aus.

5.

Den vorderen unteren Streifen nach oben falten.

6.

Die kleinen Dreiecke links und rechts nach hinten biegen.

7.

So sollte dies dann aussehen.

8.

Drehe das Papier um und wiederhole die Schritte 5–6.

Es ist der bekannte **Hut** entstanden.

4. Gottes Haus besuchen und ihm begegnen – Kirche und Glaube

4.4 Segen

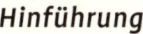

Thema:	*Segen, segnen*
Alter:	*ab ca. 5 Jahre*
Arbeitsweise:	*Einzel- und/oder*
	Gruppenarbeit
Dauer:	*ca. 40 Minuten*
Material:	*(Ton-)Papier*
	Schere
	Stifte
	Fotos der Teilnehmer
Vorbereitungen:	*benötigtes Material bereit stellen*

Hinführung

Gott hält seine Hand schützend über dich.

Durchführung

*   Jeder Teilnehmer legt seine Hand auf ein Stück (Ton-)Papier und malt die Umrisse nach.
*   Danach werden die Hände ausgeschnitten.
*   Die Teilnehmer kleben in ihre Hand ein Foto von sich.
*   Auf die Hand schreiben sie: Gott hält seine Hand schützend über mich.

Alternative 2

Einem lieben Menschen einen Segensspruch schenken: Hand ausschneiden und ein Foto des Beschenkten einkleben.

Alternative 3

Jedes Gruppenmitglied kopiert seine Hand auf dem Kopiergerät.

4.5   Segen verschenken

Thema:	*Segen/Samenkorn*
Alter:	*ab ca. 8 Jahre*
Arbeitsweise:	*Einzel- und Gruppenarbeit*
Dauer:	*ca. 20 Minuten*
Material:	*Kopiervorlagen*
	Senfkörner, Sonnenblumenkerne oder Weizenkörner
	Stifte
	Heißklebepistole
Vorbereitungen:	*benötigtes Material bereitstellen*

Hinführung

Gottes Reich ist wie ein Senfkorn, das erst wachsen muss. So wie aus einem kleinen Korn eine große Pflanze entsteht, wächst Gottes Reich täglich.

Durchführung

• Der Umschlag wird entsprechend der Kopiervorlage ausgeschnitten und zusammengeklebt.

• Jedes Gruppenmitglied wählt sich einen Segensspruch aus und schreibt ihn auf eine hübsche Karte (Kartengröße siehe Schablone in der Kopiervorlage). Das Senf- oder Samenkorn wird mit der Heißklebepistole auf der Segenskarte befestigt und diese in einen Briefumschlag gesteckt.

• Je nach Belieben kann die Segenskarte und/oder der Umschlag noch verziert werden.

Hinweis

Die Segensumschläge eignen sich besonders, um sie am Ende von Gottesdiensten den Besuchern als »Weg-Gabe« mit nach Hause zu geben. Sie können aber auch einfach zwischendurch einem lieben Menschen Freude bereiten.

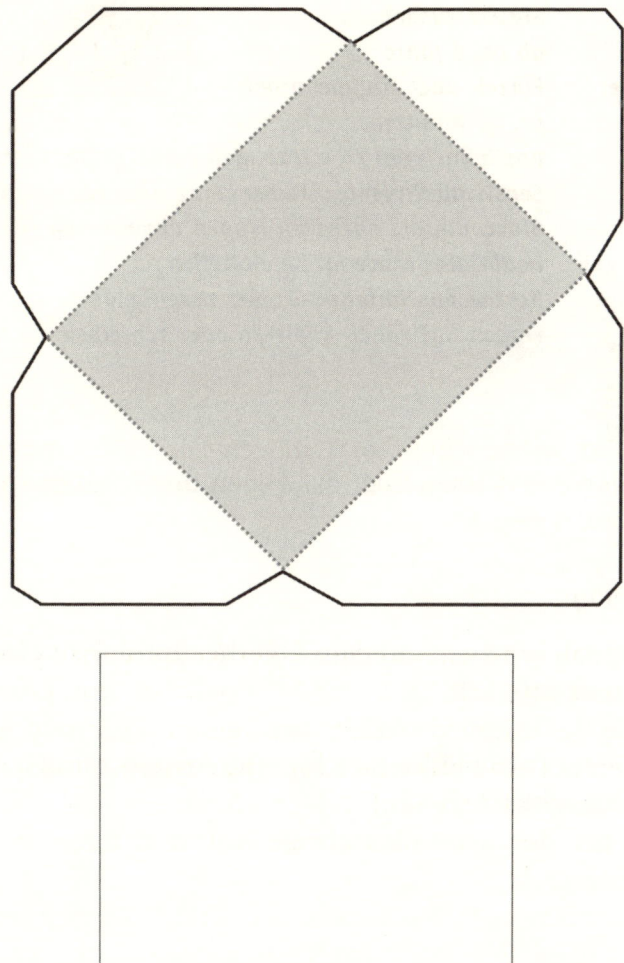

»Ich will dich segnen und du sollst ein Segen sein.« Genesis (1 Mose) 12,2

Beispiel für einen Segenstext

Der Aaronitische Segen
Der HERR segne dich und behüte dich,
der HERR lasse sein Angesicht leuchten über dir und sei dir gnädig,
der HERR erhebe sein Angesicht über dich und gebe dir Frieden.

4 Mose (Numeri) 6,24–26

4.5 Segen verschenken

4.6 Ampelspiel »Martin Luther«

Thema:	*Martin Luther*
Alter:	*ab ca. 8 Jahre*
Arbeitsweise:	*Einzel- oder Gruppenarbeit*
Dauer:	*ca. 15 Minuten*
Material:	*pro Teilnehmer eine rote, gelbe und grüne Karte*
	Overhead-Projektor, Folien
	Blatt, um die nächsten Fragen abzudecken
Vorbereitungen:	*benötigtes Material bereitstellen*
	Karten aus farbigem Papier zuschneiden
	Fragen auf Folien kopieren oder schreiben

Hinführung

Hier geht es darum, Wissen über das Leben und Wirken Martin Luthers spielerisch abzufragen.

Durchführung

- Der Gruppenleiter zeigt auf dem Overheadprojektor eine Frage.
- Jeder Antwortmöglichkeit ist eine Ampelfarbe (rot, grün, gelb) zugeordnet.
- Die Mitglieder entscheiden sich für eine Antwort und halten ihre entsprechende Farbkarte hoch.
- Erst dann gibt der Leiter die richtige Lösung an.

Auflösung siehe unten!

1. In welcher Stadt wurde Martin Luther geboren?

Rot: Erfurt

Gelb: Eisleben

Grün: Wittenberg

2. In welchem Jahr wurde Martin Luther geboren?

Rot: 1489

Gelb: 1483

Grün: 1501

3. In welchem Ort wuchs Martin Luther auf?

Rot: Eisenach

Gelb: Erfurt

Grün: Mansfeld

4. Welches Studium begann Martin Luther auf Wunsch seines Vaters?

Rot: Rechtswissenschaft

Gelb: Medizin

Grün: Theologie

5. An welchem Ort versprach Martin Luther während eines Gewitters, Mönch zu werden?

Rot: Auf der Wartburg

Gelb: In der Kirche

Grün: In Stotternheim

6. Wie heißt Martin Luthers Vater?

Rot: Hans

Gelb: Paul

Grün: Philipp

7. Welcher Papst verhängte den Bann über Martin Luther?

Rot: Pius XVI.

Gelb: Leo X.

Grün: Johannes XXI.

8. Wo versteckte sich Luther?

Rot: auf der Wartburg

Gelb: im Kloster

Grün: im Wald

9. Gegen den Willen seines Vaters trat er 1505 in ... ein.

Rot: ein Kloster

Gelb: das Priesterseminar

Grün: den Dienst des Prinzen von Sachsen

10. Luther hielt Vorlesungen über die Psalmen und Paulusbriefe. Welches Prinzip war ihm besonders wichtig?

Rot: Allein die Heilige Schrift

Gelb: Gottes Gerechtigkeit

Grün: Allein durch Gnade

11. Wo musste sich Luther wegen seines Glaubens verantworten?

Rot: vor dem Reichstag zu Worms

Gelb: vor dem Reichstag zu Speyer

Grün: vor dem Reichstag zu Augsburg

12. Unter welchem Namen war Luther inkognito auf der Wartburg unterwegs?

Rot: Wanderer Walter

Gelb: Mönch Martin

Grün: Junker Jörg

13. In welche Sprache übersetzte er auf der Wartburg innerhalb von nur elf Wochen das Neue Testament?

Rot: ins Deutsche

Gelb: ins Lateinische

Grün: ins Griechische

14. Wie hieß Luthers Frau?

Rot: Margarethe Luther

Gelb: Katharina von Bora

Grün: Margarethe Lotter

15. An die Tür welcher Kirche hämmerte Luther seine 95 Thesen?

Rot: Schlosskirche von Wittenberg

Gelb: Dorfkirche von Eisleben

Grün: Stadtkirche von Eisenach

Hinweis zu Frage 10: Alle drei Angaben sind richtig!

Alternative

Der Gruppenleiter malt eine Tabelle an die Tafel:

Rot	Gelb	Grün
1	1	1
2	2	2
3	3	3
4	4	4
5	5	5

Die Gruppe teilt sich in zwei Mannschaften auf. Eine davon beginnt. Die Teilnehmer wünschen sich z.B. eine Frage aus der Rubrik Rot 4. Der Leiter liest die entsprechende Frage vor; die Gruppe berät gemeinsam die Antwort. Bei richtiger Antwort erhält die Mannschaft einen Punkt. Bei falscher Antwort darf die andere Gruppe antworten.

Fragen:

Rot 1: In welcher Stadt wurde Martin Luther geboren? (Eisleben)
Rot 2: In welchem Jahr wurde Martin Luther geboren? (1483)
Rot 3: In welchem Ort wuchs Martin Luther auf? (Mansfeld)
Rot 4: Welches Studium begann Martin Luther auf Wunsch des Vaters? (Rechtswissenschaft)
Rot 5: An welchem Ort versprach Martin Luther während eines Gewitters, Mönch zu werden? (bei Stotternheim)

Gelb 1: Wie hieß Martin Luthers Vater? (Hans)
Gelb 2: Welcher Papst verhängte den Bann über Martin Luther? (Leo X.)
Gelb 3: Wo versteckte sich Luther? (auf der Wartburg)

Gelb 4: Gegen den Willen seines Vaters trat er 1505 in ... ein. (ein Kloster)

Gelb 5: Luther hielt Vorlesungen über die Psalmen und Paulsubriefe. Welches Prinzip war ihm besonders wichtig? (Gottes Gerechtigkeit)

Grün 1: Wo musste sich Luther wegen seines Glaubens verantworten? (vor dem Reichstag zu Worms)

Grün 2: Unter welchem Namen war Luther inkognito auf der Wartburg unterwegs? (Junker Jörg)

Grün 3: In welche Sprache übersetzte er in auf der Wartburg innerhalb von nur elf Wochen das Neue Testament? (ins Deutsche)

Grün 4: Wie hieß Luthers Frau? (Katharina von Bora)

Grün 5: An die Tür welcher Kirche hämmerte Luther seine 95 Thesen? (Schlosskirche von Wittenberg)

4.7 Liturgie

Thema: *Liturgie*
                    Teile der Messe/des Gottes-
                    dienstes
Alter: *ab ca. 11 Jahre*
Arbeitsweise: *Einzel- und Gruppenarbeit*
Dauer: *ca. 35 Minuten*
Material: *Karteikarten*
                    Stift
                    evtl. Stoppuhr
Vorbereitungen: *auf die Karten je einen Begriff aus den Elementen der Messe/*
                    des Gottesdienstes (siehe Tabelle) aufschreiben oder Kopier-
                    vorlage kopieren und ausschneiden

Hinführung

Bei dieser Übung werden liturgische Elemente der Messe oder des Gottesdienstes erkannt und sortiert.

Durchführung

- Der Gruppenleiter verteilt die Karten mit den liturgischen Elementen sichtbar für alle auf dem Tisch. Wem etwas zu einer Wortkarte einfällt, der kann diese nehmen und erzählt dazu. Anschließend legt er die Karte ab. Bereits beim Ablegen ist darauf zu achten, ob die liturgischen Elemente geordnet werden können.
- Der Gruppenleiter gibt jedem Gruppenmitglied ein Kärtchen, auf dem jeweils ein anderer Teil der Messe/des Gottesdienstes steht.
- Nun müssen sich die Gruppenmitglieder möglichst schnell in der richtigen Reihenfolge aufstellen.

Weiterführung 1

Die Karten werden neu verteilt. Ziel der Gruppe ist es diesmal, immer schneller zu werden.

Weiterführung 2

Das Vorwissen zu den einzelnen Teilen wird zusammengefasst und durch den Gruppenleiter ergänzt.

Es empfiehlt sich ein abschließender Besuch einer Messe oder eines Gottesdienstes.

Alternative 1

Ist die Gruppe groß genug, kann man das Spiel auch als Wettspiel zweier Gruppen gegeneinander gestalten. Hierfür wird der Kartensatz doppelt angefertigt. Gewonnen hat diejenige Gruppe, die sich als erste in der richtigen Reihenfolge aufgestellt hat.

Alternative 2

Die Karten mit den Teilen der katholischen Messe werden in der richtigen Reihenfolge abgelegt und mit den Teilen eines evangelischen Gottesdienstes verglichen. (Natürlich gibt es hierbei je nach Landeskirche regionale Unterschiede. Am besten fragt man den ortsansässigen Pfarrer nach der gängigen Liturgie.) Was fällt auf? Welche Gemeinsamkeiten gibt es?

Hinweis

Es sollte bereits bei der Vorbereitung berücksichtigt werden, wenn die Gruppe klein ist. Dann können auch zwei aufeinander folgende Teile auf einem Kärtchen stehen. Oder der Gruppenleiter legt die Karten, die nicht verteilt werden konnten, selbst ab.

Kopiervorlage: Liturgische Elemente der katholischen Sonntagsmesse

Einzug	Eröffnung (Kreuzzeichen)	Kyrie
Gloria	Tagesgebet	1. Lesung
Antwortgesang	2. Lesung	Halleluja
Evangelium	Predigt	Glaubensbekenntnis
Fürbitten	Gabenbereitung	Präfation
Sanktus	Hochgebet und Wandlung	Vaterunser
Friedensgruß	Agnus Dei (Lamm Gottes)	Kommunion
Danklied	Schlussgebet	Segen
Entlassung	Auszug	

Kopiervorlage: Liturgische Elemente eines evangelischen Gottesdienstes

Orgelvorspiel	Begrüßung	Eingangslied
Votum	Psalm	Tagesgebet
Gnadenverkündigung	Kollektengebet	1. Lesung
Lied	Glaubensbekenntnis	Lied
Predigt	musikalisches Zwischen-spiel oder Lied	Kollekte
Fürbitten	Vaterunser	Abkündigungen
Segen	Musik zum Ausgang	Ausgangskollekte

4.8 Abendmahl feiern

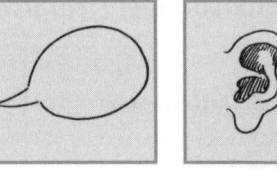

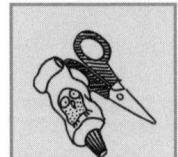

Thema:	*Abendmahl*
	Markus 14, 12–25
	Gründonnerstag
Alter:	*ab ca. 6 Jahre*
Arbeitsweise:	*Einzel- und Gruppenarbeit*
Dauer:	*ca. 30 Minuten*
Material:	*Stoffband*
	Stoffmalstifte
	(Kinder-)Bibeln
	Malstifte
Vorbereitungen:	*Entsprechend der Anzahl der Kinder die Kopiervorlage verviel-*
	fältigen
	benötigtes Material bereitstellen

Durchführung

- Die Gruppe schaut sich das Abendmahlsbild (siehe Kopiervorlage) an.
- Die Teilnehmer äußern sich frei.
- Anschließend wird gemeinsam Markus 14, 12–25 gelesen.
- Die Mitglieder zeichnen Brot und Wein auf den Tisch im Bild.
- Welche Gefühle haben die Jünger und Jesus wohl bei diesem letzten Abendmahl gehabt?
- Die Mitglieder malen Gesichter in die Figuren.
- Diskussion: Warum feiern wir heute noch das Abendmahl?
- Jedes Gruppenmitglied schreibt mit einem Stoffmalstift seinen Namen auf ein breites Stoffband.
- Die Gruppe stellt sich im Kreis auf. Ein Mitglied beginnt und bindet dem Nachbarn das Namensbändchen ums Handgelenk. So geht es immer weiter, bis alle ihren Namen tragen; jeder gehört zur Gemeinschaft.
- Wenn die Gruppe möchte, kann sie ihre Namensbänder auch miteinander verknoten. Das entstandene Band ist dann Symbol für die Gemeinschaft, die Jesus in der Feier des Abendmahls mit seinen Jüngern hielt. Es ist ein Zeichen für die Gemeinschaft, die alle bei der Feier des Abendmahls miteinander halten.

Weiterführung

Die Gruppenmitglieder betrachten Leonardo da Vincis Bild vom letztem Abendmahl und vergleichen es mit ihrem Bild. Sie schreiben die »Einsetzungsworte« von Brot und Wein in den Abendmahlstisch (diese findet man im Erzählvorschlag).

Erzählvorschlag: Das letzte Abendmahl

Siehe unter 5.4 (Gründonnerstag).

Kopiervorlage Abendmahlsbild

4.9 Ich bin ein Christ

Thema:	*Christsein*
Alter:	*ab ca. 6 Jahre*
Arbeitsweise:	*Einzel- und Gruppenarbeit*
Dauer:	*insgesamt ca. 40 Minuten*
Material:	*buntes Kopierpapier*
	Stifte
	Schere
Vorbereitungen:	*Die Fischvorlage wird auf verschiedenfarbiges Papier kopiert (evtl. vergrößert); dabei richtet sich die Menge nach der Teilnehmerzahl. Die einzelnen Fische werden dann in Puzzleteile zerschnitten, so dass für jeden Teilnehmer ein Puzzleteil zur Verfügung steht.*

Hinführung

Das uralte Zeichen des Fisches wurde bereits früh zum Christussymbol. Das ICHTHYS-Symbol besteht aus zwei gekrümmten Linien, die einen Fisch darstellen.

Die einzelnen griechischen Schriftzeichen des Wortes ichthys (Fisch) werden als Anfangsbuchstaben folgender Worte gedeutet:

Jesus – Christus – Gottes – Sohn – Erlöser

Ιησους = Jesus; Χριστος = Christus; Θεου = Gottes; Υιος = Sohn; Σωτηρ = Retter, Erlöser

Häufig werden sie auch als ein kleines Glaubensbekenntnis verstanden. Das Fischsymbol selbst gilt heute verstärkt wieder als so genanntes Erkennungszeichen der Christen. Manchmal verwendet man es auch in Verbindung mit dem Kreuz.

Durchführung

- Jedes Gruppenmitglied zieht ein Puzzleteil und überlegt: Warum bin ich Christ? Was bedeutet es für mich, ein Christ zu sein? Woran erkennt man, dass ich ein Christ bin? Was macht mein Christsein aus? Christsein bedeutet für mich ...; ich bin ein Christ, weil ... usw.
- Die Antworten auf diese oder ähnliche Fragen rund um das Christsein werden stichwortartig auf das Puzzleteil geschrieben.

- Anschließend bilden alle Teilnehmer mit der gleichen Puzzleteilfarbe eine Gruppe. Sie tragen sich gegenseitig ihre Antworten vor, stellen Fragen, ergänzen, diskutieren.
- Abschließend werden die Puzzleteile zusammengesetzt, und der Fisch als Symbol des Christentums entsteht.

Weiterführung

Die Fische werden auf Karton aufgeklebt und als Mobile im Gruppenraum aufgehängt.

Kopiervorlage ICHTHYS

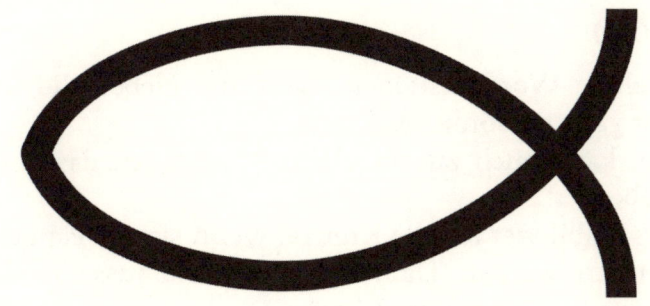

4.10 Wortkreuze

Thema:	*Kernaussagen der Bibel* *Kreuz*
Alter:	*ab ca. 7 Jahre*
Personen:	*Einzel- und Gruppenarbeit*
Dauer:	*ca. 40 Minuten*
Material:	*Kopiervorlagen, evtl. Konkordanz*
Vorbereitungen:	*benötigtes Material bereitstellen*

Hinführung

Zum Thema Kreuze siehe auch unter 5.2.

Durchführung

- Aus einzelnen Wortbausteinen legen und kleben die Gruppenmitglieder ihr ganz persönliches Kreuz.
- Wer mag, kann auch zu einzelnen Bibelstellen das entsprechende Kreuz kleben.
- Besonders stabil werden die Kreuze, wenn sie auf Pappe aufgezogen oder laminiert werden. Dann kann man sie ausschneiden und mit einer Schnur im Zimmer aufhängen. Die Kreuze sind auch eine nette Geschenkidee.

Mögliche Wortkreuze (als Kopiervorlage auf CD-ROM)

Ihr seid das Salz der Erde.
Glaube, Liebe, Hoffnung
Vater unser im Himmel
Sorgt euch nicht.
Kraft des Glaubens
Christus segne dich.
Gott segne dich und behüte dich.
Gottes Liebe ist wie die Sonne.
Gott segne euch.
Herr, segne dieses Haus.
Licht der Welt
Friede sei mit dir.

4.11 Rituale: Ein Gruppentuch gestalten

Thema:	*Anfangsritual für Religions-unterricht oder Gruppen-stunde*
Alter:	*ab ca. 5 Jahre*
Arbeitsweise:	*Einzel- und Gruppenarbeit*
Dauer:	*ca. 60 Minuten*
Material:	*altes weißes Bettlaken oder Tischtuch*
	Stoff-, Finger-, Plaka- oder Wasserfarben (Stofffarbe hat den Vorteil, dass das Tuch gewaschen werden kann)
	für Alternative 1: zusätzlich 2 Holzleisten oder Vierkanthölzer, Nägel und Hammer
Vorbereitungen:	*benötigtes Material bereitlegen*

Hinführung

Kinder lieben und brauchen Rituale. Diese strukturieren Abläufe, geben Halt und Sicherheit. Etwas Verlässliches kehrt immer wieder. Gerade der Religionsunterricht kann ein Ort für viele Rituale und symbolische Handlungen sein. Durch seine vielfältigen Gestaltungsmöglichkeiten hebt er sich meist von den anderen Unterrichtsfächern ab. Häufig kommen Kinder aus verschiedenen Klassen für den Religionsunterricht zu einer neuen Gruppe zusammen, die sich erst einmal finden und zur Ruhe kommen muss. Hier knüpft diese Idee an: Das Gruppentuch soll Identität und Zusammengehörigkeit stützen und einen sichtbaren Anfang setzen. Es soll jeweils zu Beginn der Stunde in die Kreismitte oder über einen kleinen Tisch gelegt werden. Hat die Gruppe auch noch eine Kerze gestaltet, wird diese darauf gestellt und entzündet. Nun wird ein bekanntes Lied gesungen oder ein Gebet gesprochen. Das Tuch bleibt während der gesamten Stunde sichtbar liegen. Es sagt: Wir sind jetzt zusammen. Kommt ein neues Mitglied in die Gruppe, wird das Tuch entsprechend erweitert. Jeder gehört dazu.

Durchführung

Die Gruppenmitglieder malen ihre Hand mit Farbe an und drücken diese fest auf das Tuch. Wenn die Farbe getrocknet ist, schreiben sie mit einem Stift neben oder in die Hand ihren Namen.

Alternative 1

Der Gruppenleiter hat aus Holzleisten ein Kreuz vorbereitet. Dieses wird von den Gruppenmitgliedern gestaltet und mit Namen versehen.

Alternative 2

Der Gruppenleiter hat bereits einen Weinstock auf das Tuch gemalt; die Teilnehmer malen die Trauben dazu und schreiben ihre Namen hinein. »Ich bin der Weinstock und ihr seid die Reben« wird zusätzlich mit Stoffmalstift auf das Tuch geschrieben. Die Trauben sehen besonders schön aus, wenn sie mit Fingerabdrücken gestaltet werden.

Alternative 3

Die Gruppenmitglieder malen eine große gelbe Sonne auf das Tuch. Jedes Gruppenmitglied malt einen Sonnenstrahl, den es mit seinem Namen beschriftet.

4.12 Glaubensbekenntnis

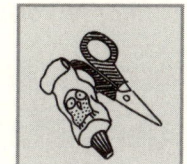

Thema:	*Glaubensbekenntnis*
Alter:	*ab ca. 8 Jahre*
Arbeitsweise:	*Einzel- und Gruppenarbeit*
Dauer:	*ca. 30 Minuten*
Material:	*Buntstifte*
	Kopiervorlage
	evtl. Laminierfolie und Laminiergerät
Vorbereitungen:	*benötigtes Material bereitlegen*

Durchführung

- Die Gruppenmitglieder malen die Buchstaben des apostolischen Glaubensbekenntnisses bunt aus.
- Sie besprechen die Bedeutung der einzelnen Zeilen, so dass diese verständlicher werden, oder lesen vorab das Leseblatt zum Glaubensbekenntnis (siehe Kopiervorlage auf CD-ROM).

Ich glaube an Gott, den Vater,

den Allmächtigen,

den Schöpfer des Himmels und der Erde.

Und an Jesus Christus, seinen eingeborenen Sohn,
unseren Herrn,

empfangen durch den Heiligen Geist,

geboren von der Jungfrau Maria,

gelitten unter Pontius Pilatus,

gekreuzigt, gestorben und begraben,

hinabgestiegen in das Reich des Todes,

am dritten Tage auferstanden von den Toten,

aufgefahren in den Himmel;

er sitzt zur Rechten Gottes,

des allmächtigen Vaters;

von dort wird er kommen,

zu richten die Lebenden und die Toten.

Ich glaube an den Heiligen Geist,

die heilige christliche Kirche,

Gemeinschaft der Heiligen,

Vergebung der Sünden,

Auferstehung der Toten

und das ewige Leben. Amen.

4.13 Gebetsteppich

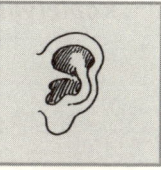

Thema:	*Beten im Islam*
Alter:	*ab ca. 6 Jahre*
Personen:	*Gruppenarbeit*
Dauer:	*ca. 40 Minuten*
Material:	*Kopiervorlage*
	Buntstifte
Vorbereitungen:	*benötigtes Material bereitlegen*

Hinführung

Das tägliche Gebet gehört zu den fünf Säulen des Islam. Rituelle Reinheit gilt als wichtige Voraussetzung, um korrekt beten zu können. Deswegen vollzieht man vorher eine rituelle Waschung. Körperliche Sauberkeit in der Begegnung mit Gott spielt im Islam eine bedeutende Rolle. Aus diesem Grund soll auch der Untergrund, auf dem man kniet, absolut sauber sein. Meist werden hier Gebetsteppiche benutzt. Wenn gerade kein Teppich zur Verfügung steht, kann man sich auch mit einer sauberen Jacke behelfen. Da im Islam die Erde als reinigend gilt, braucht man unter freiem Himmel in der Regel keinen Gebetsteppich.

Es gibt sehr kunstvoll verzierte Kelims oder kleine Teppiche. Werden diese einmal schmutzig, müssen sie gemäß ritueller Regeln gewaschen werden; üblicherweise dreimal.

Durchführung

Die Gruppenmitglieder gestalten den Gebetsteppich farbig aus.

4. Gottes Haus besuchen und ihm begegnen – Kirche und Glaube

4.14 Kirchenball

Thema:	*Kirche*
Alter:	*ab ca. 13 Jahre*
Arbeitsweise:	*Gruppenarbeit*
Dauer:	*ca. 20 Minuten*
Material:	*Softball*
Vorbereitungen:	*Ball bereitlegen*

Hinführung

Bei dieser Übung geht es nicht nur darum, »Wissen über die Kirche« zu prüfen, sondern auch Einstellungen und Meinungen zu erfragen.

Durchführung

- Die Gruppe stellt sich im Kreis auf.
- Ein Teilnehmer stellt eine Frage aus dem Themenkreis »Kirche« und wirft den Ball einem anderen Teilnehmer zu.
- Der angespielte Teilnehmer versucht den Ball zu fangen und beantwortet die Frage. Hat er die Frage (richtig) beantwortet, darf er eine neue Frage stellen und den Ball einem weiteren Teilnehmer zuwerfen.
- Kann oder will ein Mitspieler sich zu einer Frage nicht äußern, wirft er den Ball direkt weiter.

Hinweis

Diese Übung kann auch gut zum Kennenlernen in einer Gruppe verwendet werden; sie ist auf jedes andere Thema übertragbar.
Eine schöne Variante ist es, wenn das Spiel zu Beginn einer Gruppenstunde gespielt wird und der Auftrag lautet, dem anderen etwas Nettes zur Begrüßung zu sagen.

4.15 Vaterunser-Drehscheibe

Thema:	*Beten*
	Vaterunser
Alter:	*ab ca. 7 Jahre*
Arbeitsweise:	*Einzel- oder Gruppenarbeit*
Dauer:	*ca. 20 Minuten*
Material:	*Kopiervorlage*
	feste Pappe
	Stifte
	Scheren
	Buntstifte
	Beutelklammern
Vorbereitungen:	*benötigtes Material bereitstellen*

Hinführung

Mit dieser Drehscheibe soll das Gebet der Christenheit spielerisch einge-
übt werden. Zeile für Zeile wird nacheinander freigegeben.

Kopiervorlage Text

Vater unser im Himmel,

geheiligt werde dein Name.

Dein Reich komme.

Dein Wille geschehe,

wie im Himmel, so auf Erden.

Unser tägliches Brot

gib uns heute.

Und vergib uns unsere Schuld,

wie auch wir vergeben unseren Schuldigern.

Und führe uns nicht in Versuchung,

sondern erlöse uns von dem Bösen.

Denn dein ist das Reich und die Kraft

und die Herrlichkeit in Ewigkeit. Amen.

Kopiervorlage Drehscheibe

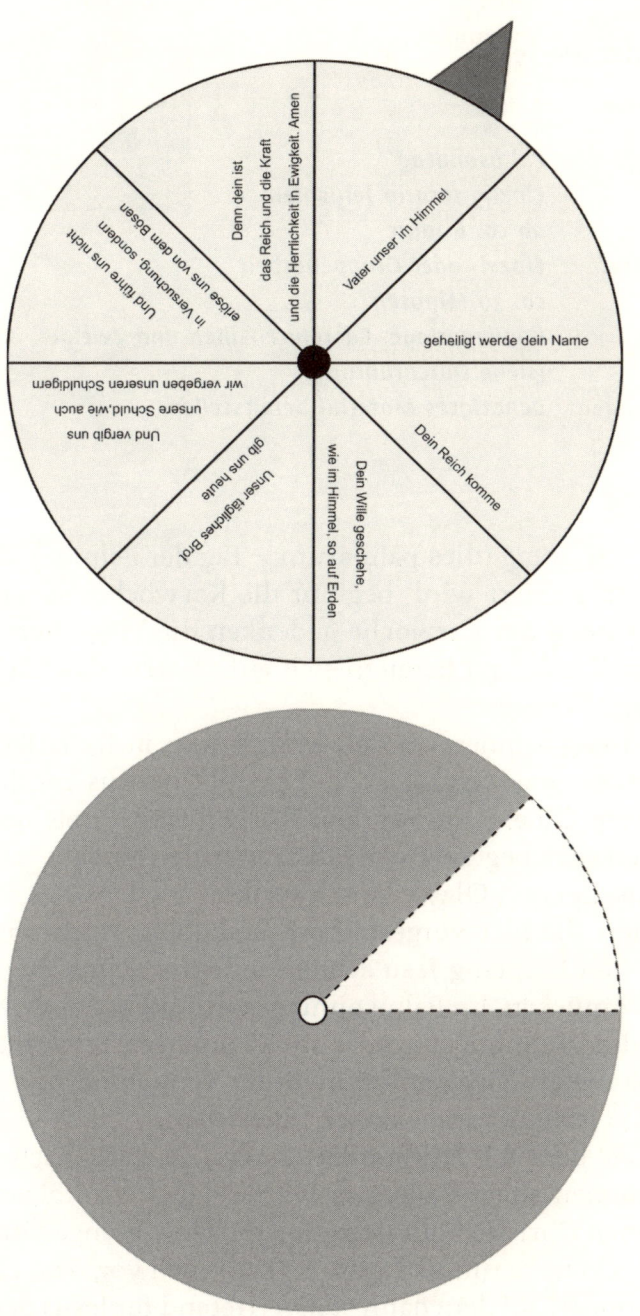

5. Gott loben und feiern – die Feste

5.1 Palmwedel

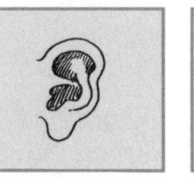

Thema:	*Palmsonntag*
	Einzug Jesu in Jerusalem
Alter:	*ab ca. 6 Jahre*
Arbeitsweise:	*Einzel- oder Gruppenarbeit*
Dauer:	*ca. 30 Minuten*
Material:	*Kopiervorlage, Bastelutensilien und Zweige*
	(siehe Durchführung)
Vorbereitungen:	*benötigtes Material bereitstellen*

Hinführung

Mit dem Palmsonntag (dies palmarum = Tag der Palmen), der am Sonntag vor Ostern gefeiert wird, beginnt die Karwoche. Sie endet am Karsamstag. Während der Karwoche gedenken die Menschen der Hinrichtung Jesu am Kreuz und bereiten sich auf Ostern, das höchste Fest der Christen, vor.

Der Palmsonntag erinnert an den Einzug Jesu in Jerusalem. Nach biblischer Überlieferung (vgl. Mt 21,1–11) soll Christus vor dem jüdischen Passahfest vom Ölberg aus auf dem Rücken eines Esels nach Jerusalem hineingeritten sein, begleitet von Hosiannarufen einer begeisterten Menge, die Palmwedel und Ölzweige schwenkte.

Daran erinnert die hier vorgestellte Bastelarbeit. Auch wir können ein Zeichen für den Empfang Jesu setzen, indem wir uns Zweige ins Haus holen und schmücken, im Palmsonntagsgottesdienst in den Händen halten oder an der Wohnungstür oder am Zimmerfenster aufhängen.

Mit den gestalteten Zweigen können die Teilnehmer die Freude beim Einzug Jesu in Jerusalem spielerisch miterleben.

Vor allem seit dem 11. Jahrhundert finden in katholischen Gegenden Palmprozessionen statt. Vielerorts wurde dabei ein hölzerner Esel mit einer hölzernen Christusfigur unter feierlichen Gesängen durch das Dorf oder um die Kirche herumgetragen. Es kam auch vor, dass ein echter Esel mitgeführt wurde, auf dem dann stellvertretend für Jesus der Pfarrer oder ein Ministrant saß. Die Palmwedel galten als Symbol für den Einzug Jesu und dessen Huldigung durch das Volk. Heute beschränken sich die Palm-prozessionen meist auf von Gebeten begleitete Bittgänge.

Der Brauch der Palmweihe, der vermutlich noch auf heidnisches Brauchtum zurückgeht, hat sich bis heute erhalten. Da in unseren Regionen aber keine Palmen wachsen, werden statt dessen Weiden-, Hasel- und Birkenzweige oder auch kleine Sträuße aus Buchsbaum, Eibe, Stechpalme oder Erika in die Kirche gebracht und dort gesegnet. (Umweltschützer warnen jedoch immer wieder vor einem Raubbau an den Weidenkätzchen, da diese eine wichtige Frühjahrsnahrung für die Bienen darstellen und unter Naturschutz stehen.) Anschließend werden die gesegneten Laubbüschel im Haus aufbewahrt, wo sie meist hinter das Kreuz oder Heiligenbilder gesteckt werden. Nach heidnischer Überlieferung schützen sie z. B. vor Unwetter, Blitzschlag, bösen Geistern und Krankheit. Noch heute stecken einige Bauern einen »Palmbuschen« in ihren Acker, um ihn vor Hagel und Unwetter zu schützen. Palmzweige, die am Tür- oder Fensterrahmen angebracht sind, sollen Unheil und Katastrophen vom Haus abwehren und böse Geister an deren Einzug hindern. Sie werden als segensbringendes Zeichen verstanden.

Untrennbar ist der Palmsonntag mit der darauf folgenden Passionswoche verbunden, die für den christlichen Glauben von zentraler Bedeutung ist. Sie erinnert an den Tod und die Auferstehung Jesu. Am Palmsonntag wird in der Kirche erstmals in der Karwoche die Passion Jesu, sein Leiden und Sterben, vorgetragen. In evangelischen Gemeinden ist er häufig auch der Konfirmationssonntag.

Der Palmsonntag wird vor allem durch den Kirchgang gefeiert; er findet weniger in der Familie statt. Früher wurde der Junge, der als letzter die Kirche verließ, »Palmesel« genannt. Heute wendet man diese Bezeichnung auf das Familienmitglied an, das am Palmsonntag als Letztes aufsteht.

Durchführung

- Die Gruppenmitglieder schmücken einen Zweig vom Baum z. B. mit Kreppbändern, Papierblumen, Perlenbändern, Wollfäden, Glöckchen etc.
- Wer möchte, wählt noch einen oder mehrere Spruchtexte von der Kopiervorlage aus und bindet diese mit einem dünnen Faden an den Zweig.

Alternative

Ein ca. 20 cm langer und 10 cm breiter grüner Tonpapierstreifen wird im Abstand von ca. 1 cm etwa 8 cm lang eingeschnitten und dann zusammengerollt. Um das grüne Tonpapier wird am unteren Ende ein ca. 5 cm langer Streifen braunes Tonpapier geklebt.
Die grünen Einschnitte werden auseinandergebogen – fertig ist die Palme.

Alternative 2

Mehrere Streifen buntes Krepppapier werden aneinander geknotet und am Knoten festgehalten.

Alternative 3

Aus Krepppapier werden viele bunte, ca. 30 cm lange Streifen geschnitten. Jeweils sechs Streifen werden oben an einen dünnen Ast geklebt oder gebunden.

Spiel

Ein Kind geht vor die Tür (Jesus). Die übrigen Gruppenmitglieder stellen sich zu einer Gasse auf. Dann rufen sie »Jesus« herbei:
»Jesus« kommt in den Gruppenraum. Er schreitet langsam durch die Gasse und nickt den Übrigen freundlich zu. Die Kinder winken Jesus mit ihren »Palmzweigen« zu. Dazu kann das Lied »Jesus zieht in Jerusalem ein« gesungen werden (Evangelische Gesangbuch Nr. 314).
Wenn das Lied gesungen wird, sollte vorher geklärt werden, dass »Hosianna« ursprünglich ein alter Gebetsruf war. Hosianna bedeutet »hilf doch«.

Erzählvorschlag: Einzug Jesu in Jerusalem

Schon viele Jahre lang zieht Jesus mit seinen Jüngern von einer Stadt zur anderen. Überall, wo er hinkommt, erzählt er den Menschen von Gottes Werken und Worten. So lernen viele Menschen diesen Jesus kennen und lieben. Aber es gibt auch einige Menschen, die Jesus ablehnen und sogar verachten. Es gefällt ihnen nicht, dass Jesus sagt, er sei der Sohn Gottes. Und es gefällt ihnen nicht, was Jesus tut.

5. Gott loben und feiern – die Feste

Diesmal ist Jesus mit seinen Freunden auf dem Weg in die Hauptstadt Jerusalem. Viele andere sind ebenfalls unterwegs in die heilige Stadt. Sie wollen dort das Passah-Fest feiern, das Fest der Erinnerung an die Befreiung aus der Sklaverei.

Kurz vor den Toren der Stadt schickt Jesus zwei seiner Freunde ins nächste Dorf. Sie sollen den Esel, der vor dem ersten Haus steht, losbinden und ihm bringen. Und er sagt weiter: »Wenn euch jemand fragt, was ihr da macht, dann antwortet: Jesus braucht das Tier. Er wird es bald zurückschicken.« Kurze Zeit danach bringen die Freunde den Esel. Sie legen ihre Kleider auf den Rücken des Esels, weil sie keinen Sattel haben. So reitet Jesus auf dem Esel durch die Straßen der Hauptstadt. In Windeseile spricht es sich herum, dass er in der Stadt ist. Von überall her laufen die Leute zusammen, um Jesus zu sehen. Sie jubeln ihm zu und rufen: »Hosianna, du Sohn Davids«, »Gelobt seist du!« Einige reißen Palmwedel von den Bäumen und winken Jesus damit zu. Andere ziehen vor lauter Begeisterung ihre Kleider aus und legen sie vor Jesu Füßen auf die Straße. Jesus reitet nun wie über einen weichen Teppich. Wie ein König wird er empfangen.

Viele Menschen freuen sich darüber, dass Jesus in die Stadt kommt. Aber er hat auch Feinde. Die ärgern sich darüber, dass Jesus wie ein König gefeiert wird. Dass er sagt: Gott ist mein Vater und ich bin Gottes Sohn. Sie denken: Das darf doch nicht wahr sein, wie dieser Mann spricht. Doch Jesus zieht weiter in Jerusalem ein. Noch hören die vielen Menschen nicht auf das, was seine Feinde sagen. Noch jubeln und winken sie Jesus zu und rufen immer wieder: »Hosianna! Hosianna!«

Aber Jesus weiß, dass man ihn in Jerusalem gefangen nehmen und töten wird.

Der Herr segne uns,
dass wir immer wieder den Mut finden, weiterzugehen.

Gott sei uns zugeneigt und segne uns;
mit strahlendem Angesicht schaue er uns freundlich an.

Psalm 67, 2

Gott segne deinen Weg und behüte deine Schritte.

Mögest du Gottes Licht sehen auf dunkler Straße.

5. Gott loben und feiern – die Feste

5.2 Karfreitagsstille

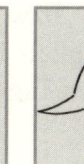

Thema:	*Karfreitag*
	Passion Jesu
	Kreuz
Alter:	*ab ca. 6 Jahre*
Arbeitsweise:	*Gruppenarbeit*
Dauer:	*beliebig*
Material:	*Papierbögen*
	schwarze Stifte
	CD-Player
Vorbereitungen:	*benötigtes Material bereitstellen*

Hinführung

Karfreitag ist der Freitag vor Ostern. An diesem Tag gedenken wir des Todestages Jesu. Es ist ein Tag der Stille und Besinnung, mancherorts nennt man ihn auch den »Stillen Freitag«. Das Wort Karfreitag stammt aus dem Althochdeutschen; »kara« oder »chara« bedeutet Klage, Kummer, Trauer und Sorge. So wird er auch häufig Kummerfreitag genannt, weil an diesem Tag die ersten Christen den Tod Jesu beklagten und voller Hoffnungslosigkeit waren. Sie dachten, mit Jesu Tod sei nun alles verloren.

Seit dem 2. Jahrhundert wurde der Karfreitag zusammen mit dem Karsamstag als Buß- und Fastentag begangen. Der Karsamstag bricht das Fasten. Noch heute wird der Freitag vielerorts in Erinnerung an das Leiden und die Kreuzigung Jesu als Fastentag verbracht. Deshalb gibt es an diesem Tag auch in öffentlichen Kantinen immer ein fleischloses Gericht. Der Karfreitag gilt als der höchste Feiertag in der evangelischen Kirche und wurde früher als strenger Bußtag begangen. Diese hohe Bedeutung findet ihre Ursache in der Bedeutung des Kreuzestodes für die Protestanten. Im Tod Jesu sahen die Reformatoren die Erlösung von Schuld und Sünde. Gott soll erkannt und geehrt werden, wie er in Leiden und Schwachheit verborgen ist, und nicht in der direkten Anschauung seiner Vollkommenheit und Macht. Der Karfreitag erinnert daran, wie tief sich Gott herabgelassen hat und wie weit er in Jesus gegangen ist, um bei uns zu sein.

Für die katholische Kirche ist Ostern der höchste kirchliche Feiertag. In vielen katholischen Gebieten finden besonders feierliche Karfreitagsprozessionen bzw. Kreuzwegprozessionen statt. An insgesamt 14 Stationen (ursprünglich 12) werden seit dem 14. Jahrhundert die wichtigen Situationen des Tages und des Leidensweges Jesu in Erinnerung gerufen:

1. Station: Verurteilung zum Tode
2. Station: Jesus trägt das Kreuz auf seinen Schultern
3. Station: Jesus fällt zum ersten Mal unter dem Kreuz
4. Station: Jesus trifft seine Mutter
5. Station: Simon von Zyrene hilft Jesus beim Tragen des Kreuzes
6. Station: Veronika reicht Jesus das Schweißtuch
7. Station: Jesus fällt zum zweiten Mal unter dem Kreuz
8. Station: Jesus begegnet den weinenden Frauen
9. Station: Jesus fällt zum dritten Mal unter dem Kreuz
10. Station: Jesus werden seine Kleider abgenommen
11. Station: Jesus wird gekreuzigt
12. Station: Jesus stirbt am Kreuz
13. Station: Jesus wird vom Kreuz abgenommen; er liegt im Schoße seiner Mutter
14. Station: Jesu Leichnam wird ins heilige Grab gelegt

In der Kunst finden sich zahlreiche Abbildungen des Kreuzweges.
Nach dem jüdischen Kalender ist Jesus am 15. Nysan mittags zur neunten Stunde auf Golgota am Kreuz gestorben. Nach dem gregorianischen Kalender geht man davon aus, dass es der 7. April 30 oder der 3. April 33 um 15 Uhr gewesen sein könnte. In Erinnerung an die Todesstunde Jesu werden noch heute viele Karfreitagsgottesdienste um 15 Uhr gehalten.
In der Regel stehen bei diesem (Wort-)Gottesdienst keine Blumen oder Kerzen auf dem Altar, die Orgel wird nicht gespielt und die Kirchenglocken schweigen. In katholischen Gegenden hört man indes hölzerne Ratschen.
Der bekannteste Karfreitagsbrauch ist sicher der, dass Christen am Karfreitag Fisch essen und auf Fleisch verzichten. Das griechische Wort für »Fisch« lautet »ichthys«. Das sind die auch die Anfangsbuchstaben von »Iesous Christos Theou Yios Soter«, was auf Deutsch »Jesus Christus, Gottes Sohn, Retter« heißt. Der Fisch ist eines der ältesten Symbole der Christen (siehe Kapitel 4.10).
Das Symbol der Christen und des Christentums schlechthin ist das Kreuz. An kirchlichen Bauten, aber auch in Schulen, öffentlichen Gebäuden und privaten Haushalten gehört es zur selbstverständlichen Einrich-

tung (vgl. z. B. die Diskussion über Kruzifixe in bayerischen Klassenzimmern). Seine Deutung erfährt das Kreuz aber v. a. durch den Osterglauben: Jesus wird ans Kreuz genagelt; damit versinnbildlicht das Kreuz zunächst einmal das Ende des irdischen Lebens. Gleichzeitig symbolisiert es aber auch die Überwindung des Todes durch Jesus, indem man über das Kreuz hinaus auf den Auferstandenen blickt. So kann das Kreuz eigentlich erst im Zusammenhang mit Ostern und der Auferstehung begriffen werden.

Karwoche:
Die Karwoche bezeichnet das Ende der Fastenzeit und gibt den Beginn der Osterzeit an. Seit dem 4. Jahrhundert nennt man sie auch »große Woche« oder »heilige Woche«. Sie beginnt mit dem Palmsonntag und endet mit dem Ostersonntag.

Karfreitagsbrezeln:
Sie gelten als Symbol für Jesus Christus. Eine Legende behauptet, wer sie isst, bekommt übers Jahr kein Fieber. In Süddeutschland war es Sitte, dass der Bräutigam seiner Braut an diesem Tag etliche Brezeln auf einem Stab befestigt brachte.

Das Kreuzsymbol findet sich in vielen Religionen. Für uns Christen ist es zum bedeutendsten Symbol überhaupt geworden. Vor allem Paulus hat Kreuz und Auferstehung in seinen Briefen immer wieder in das Zentrum des christlichen Glaubens gestellt. Ebenso erinnert es daran, dass Jesus für uns am Kreuz gestorben ist und die Sünden und das Leid aller auf sich genommen hat. So ist das Kreuz Symbol für recht unterschiedliche Dinge. Es steht für Tod und Leid, aber ebenso für Leben und göttliche Kraft. Als Zeichen des Lebens und des Sieges werden Kreuze in der christlichen Kunst deshalb häufig mit Edelsteinen oder Perlen geschmückt oder mit Blättern und Blüten versehen als »Lebensbaum« dargestellt.
Für die Kinder soll das Kreuz mehr werden als nur ein Zeichen für den Tod oder die Kirche. Sie sollen die vielen Formen und Bedeutungen des Kreuzes in unserem Leben erkennen. Das Kreuz als Symbol für Gottes Nähe zu den Menschen, Tod und Leid, Jesu Leben und Sterben, Hoffnung, die Erinnerung an Jesus, den Wunsch nach der Nähe Gottes.
In den Karfreitagskreuzen kommt dies zum Ausdruck.

Durchführung:

- Jeder Teilnehmer liest die Geschichte von der Kreuzigung Jesu (siehe Erzählvorschlag) oder die entsprechende Stelle in der Bibel still für sich.
- Es wird eine vorher vereinbarte Zeit schweigend in angenehmer Atmosphäre verbracht, z. B. in einem abgedunkelten Raum mit Meditationsmusik auf dem Boden sitzend. So kann man die Gedanken kommen und gehen lassen.

Alternative 1

Die Gruppe verbringt schweigend eine Zeit miteinander (siehe oben). In dieser Zeit malt jeder Teilnehmer auf große Papierbögen nur mit schwarzen Stiften. (Eventuell kann vorher auch vereinbart werden, dass nur Kreuze gemalt werden sollen.) Dies kann sich auch an die obige Stilleübung anschließen.

Alternative 2

Der Gruppenleiter unterbricht ca. alle 60 Sekunden das Schweigen durch ein vorher ausgewähltes Wort (z. B. Tod, Kreuz, Trauer). Es sollte allerdings immer das gleiche Wort gewählt werden.
Anschließend tauschen sich die Teilnehmer über ihre Empfindungen und Eindrücke, ihre inneren Bilder aus. Je nach Gruppensituation kann dieser Austausch in eine kreative Aktion oder in ein Gebet münden.

Erzählvorschlag: Die Kreuzigung Jesu

Die Soldaten führten Jesus ab und setzten ihm eine Dornenkrone auf. Sie verspotteten ihn als den König der Juden. Dann legten sie ihm das Kreuz auf die Schultern und führten in zur Hinrichtungsstätte Golgota. Den Grund seiner Kreuzigung schrieben sie auf eine Tafel: »Jesus von Nazareth, König der Juden.« Die Tafel nagelten sie oben an den Kreuzbalken. Sie reichten Jesus einen Becher mit gewürztem Wein, aber er trank nicht. Um seine Kleider würfelten die Soldaten. Zusammen mit Jesus wurden noch zwei weitere Gefangene gekreuzigt. Auch diese verspotteten Jesus. Einige sagten: »Anderen soll der König der Juden geholfen haben, aber sich selbst kann er wohl nicht helfen.« Und sie lachten Jesus aus.

Um drei Uhr schrie Jesus: »Mein Gott, mein Gott, warum hast du mich verlassen?« Dann starb er.

Ein römischer Hauptmann, der bei der Kreuzigung dabei gewesen war, sagte: »Ja, das war Gottes Sohn.« Maria Magdalena, Salome und Maria, die Mutter des Jakobus, waren ebenfalls bei der Kreuzigung dabei. Sie sahen traurig aus der Ferne zu.

Josef von Arimathäa nahm Jesus mit Erlaubnis von Pontius Pilatus am Abend vom Kreuz ab, wickelte ihn in ein Leintuch und legte ihn in ein Grab, das mit einem Stein verschlossen wurde.

5.3 Oster-Ei

Thema:	*Ostern*
	Auferstehung
	Ei
Alter:	*ab ca. 4 Jahre*
Arbeitsweise:	*Einzel- und Gruppenarbeit*
Dauer:	*ca. 30 Minuten*
Material:	*Kopiervorlage*
	Buntstifte
	Scheren
	Klebstoff
	dünner Bindfaden
	evtl. Nadel
Vorbereitungen:	*Vorlagen in entsprechender Anzahl kopieren*

Hinführung

Ebenso wie Osterhasen gehören Ostereier zu den nichtchristlichen Osterbräuchen. Eine Vermutung, wieso es zum Osterfest Eier gibt, besagt: Bevor die Germanen Christen wurden, haben sie viele Götter verehrt und ihnen zur Ehre Feste gefeiert. Dazu soll ein Frühlingsfest mit dem Namen »Ostern« gehört haben, an dem die Auferstehung der Natur gefeiert wurde. Die Germanen waren der Überzeugung, dass die Natur im Winter sterbe und im Frühling von der Frühlingsgöttin Ostara zu neuem Leben erweckt werde. Aus Dankbarkeit opferten sie der Göttin an den Ostertagen bunte Hühnereier. Diese galten als Symbol für neues Leben.

Das Ei galt auch als Auferstehungssymbol. So wie die Natur im Frühling nach dem kalten Winter »aufersteht« oder ein Küken aus dem Ei ausbricht, so ist Christus aus dem Grab auferstanden.

Außerdem wurde während der Fastenzeit auf Fleisch und Eier verzichtet. So gab es am Osterfest sehr viele Eier. Diese wurden gekocht, am Gründonnerstag gesegnet und dann zum Osterfest verschenkt. Die gesegneten Eier wurden rot gefärbt. So konnte man sie von nicht gesegneten unterscheiden. Auf diese Weise entstand der Brauch, gefärbte Ostereier zu verschenken.

5. Gott loben und feiern – die Feste

Durchführung

- Mit der Kopiervorlage kann auf unterschiedliche Art und Weise gearbeitet werden.
- Die Eier werden vergrößert und angemalt. Diese »Rieseneier« eignen sich gut als Türbilder; sie wirken einfach aufgrund ihrer Größe.
- Die Eier werden ausgeschnitten und längs in der Mitte gefaltet. Dann werden drei Eier zusammengeklebt. Bevor das letzte Ei angeklebt wird, wird am Falz ein dünner Bindfaden angelegt, an dem das Ei später aufgehängt werden kann. Diese dreidimensionalen Eier sind auch ein hübscher Schmuck für den Osterstrauß.

5. Gott loben und feiern – die Feste

5.4 Osterkranz

Thema:	*Palmsonntag*
	Gründonnerstag
	Karfreitag
	Ostern
Alter:	*ab ca. 5 Jahre*
Arbeitsweise:	*Einzel- und Gruppenarbeit*
Dauer:	*ca. 40 Minuten*
Material:	*Buchsbaum oder getrocknetes Heu*
	Blumendraht
	4 leere Eierschalen
	4 Kerzen (evtl. in den Farben Gelb, Grün, Schwarz, Weiß oder Rot)
	Stifte
	Heißklebepistole
	Wachsplättchen
Vorbereitungen:	*benötigtes Material bereitstellen*

Hinführung

Der Adventskranz, der die Wochen bis Weihnachten zählt, ist längst ein liebgewordener Brauch. Warum nicht auch einen Osterkranz aufstellen, der uns sichtbar zum eigentlichen Hauptfest der Christen hinführt? Entweder zählen die Kerzen auf dem Kranz die Wochen bis zum Osterfest, oder sie erzählen von den wichtigsten Ereignissen von Palmsonntag bis Ostern – das hängt ganz davon ab, wann man mit dem Kranz beginnt und wofür man sich entscheidet.

Durchführung

- Aus Buchsbaum oder Heu mit Blumendraht einen Kranz binden.
- 4 leere Eierschalen mit Heißkleber auf dem Kranz befestigen (oder fertige Kerzenhalter wie beim Adventskranz verwenden).
- In den Eierschalen die Kerzen mit Wachsplättchen befestigen.
- Beim Anzünden einer Kerze wird der entsprechende Erzählvorschlag gelesen.

Alternative

Es können auch vier weiße Kerzen verwendet werden, diese lassen sich gut mit einem wasserfesten Stift bemalen oder beschriften.

Hinweis

Soll der Osterkranz die Wochen bis Ostern zählen, können die Texte zu den einzelnen Stationen bis Ostern trotzdem gelesen werden.

Erzählvorschläge

Palmsonntag (gelbe Kerze): Einzug Jesu in Jerusalem
Siehe unter 5.1.

Gründonnerstag (grüne Kerze): Das letzte Abendmahl

Jesus weiß, dass er nicht mehr lange leben wird. Er spürt genau, dass seine Zeit gekommen ist. Er wird getötet werden. Am Abend, bevor er gekreuzigt wird, setzt er sich nochmals mit seinen Jüngern zusammen. Alle zwölf sitzen gemeinsam mit ihm am Tisch. Er teilt das Brot mit ihnen und sagt: »Nehmt und esst alle davon. Das ist mein Leib, der für euch hingegeben wird. Tut dies zu meinem Gedächtnis.«

Danach teilt er mit ihnen den Wein. Dazu spricht er: »Nehmt und trinkt alle daraus, dieser Kelch ist der neue Bund in meinem Blut, das für euch vergossen wurde zur Vergebung der Sünde. Tut dies, sooft ihr daraus trinkt, zu meinem Gedächtnis.«

Jesus will, dass wir zusammenhalten. Auch nach seinem Tod sollen wir in seinem Namen zusammenkommen. Wir sollen das Abendmahl miteinander feiern und an ihn denken.

Jesus Christus spricht: »Kommt alle zu mir, die ihr euch plagt und schwere Lasten zu tragen habt. Ich werde euch Ruhe verschaffen. Nehmt mein Joch auf euch und lernt von mir; denn ich bin gütig und von Herzen demütig; so werdet ihr Ruhe finden für eure Seele. Denn mein Joch drückt nicht, und meine Last ist leicht.«

Gehet hin im Frieden des Herrn. Friede sei mit euch.

Jesus wünscht sich, dass ihm die Menschen auch nach seinem Tod nachfolgen werden. Gemeinsam mit seinen Jüngern betet er das Vaterunser.

Karfreitag (schwarze oder rote Kerze)
Siehe unter 5.2.

Ostersonntag (weiße Kerze): Das leere Grab

Es ist Sabbat. Und es ist noch früh am Morgen. Maria Magdalena und Maria, die Mutter des Jakobus, haben sich bereits ganz früh auf den Weg gemacht. Sie wollen das Grab von Jesus besuchen.

Doch als sie an das Felsengrab kommen, sehen sie, dass der Stein vor dem Eingang weggewälzt ist. Ein Engel spricht zu den beiden: »Ihr sucht den gekreuzigten Jesus hier. Fürchtet euch nicht, nur weil das Grab leer ist! Er ist auferstanden. Ja, er ist wahrhaftig auferstanden.« Die Frauen gehen ans Grab und schauen hinein – aber es ist leer. Da eilen sie schnell zurück, um es den anderen zu erzählen.

5.5 Erntekorb

Thema: *Gaben*
Begabungen
Erntedank
Alter: *ab ca. 6 Jahre*
Arbeitsweise: *Einzel- und Gruppenarbeit*
Dauer: *ca. 40 Minuten*
Material: *Korb*
evtl. Obst und Gemüse
Vorbereitungen: *benötigtes Material bereitstellen*

Hinführung

Das Erntedankfest wird am ersten Sonntag im Oktober gefeiert; so legte es 1972 die Bischofskonferenz fest. In der evangelischen Kirche findet es wahlweise auch am letzten Sonntag im September statt. Die Altäre in den Kirchen werden mit den Früchten der Felder und Gärten geschmückt. Wir danken Gott für die Gaben der Schöpfung und die Ernteerträge.

Damit knüpfen wir an eine jahrtausendealte Tradition an. Auch einige bekannte jüdische Feste, wie z.B. das Laubhüttenfest als Dank für die Weinlese oder das Fest Schawuot nach der Weizenernte, sind ursprünglich Erntedankfeste.

In unserer Industriegesellschaft, die alles für »machbar« hält und in der nur noch ca. fünf Prozent der Bevölkerung in der Landwirtschaft arbeiten, wird die Erinnerung an unsere bäuerlichen Vorfahren und die Feier des Erntedankfestes oft als Anachronismus verstanden. Hinzu kommt, dass immer mehr Maschinen die Arbeit der Bauern übernehmen. Es ist aber ein Missverständnis, dass das Erntedankfest ein Fest der Bauern ist und deshalb heute nur noch wenige Menschen anspricht. Es geht nicht darum, Gott für die Ernte zu danken, die ein Bauer einfährt, sondern darum, dass Gott mit dieser Ernte den Bauern und uns ernährt. Der Bauer weiß zudem, dass die Ernte nicht selbstverständlich gut ausfällt, sondern dass sein Ertrag von vielen Faktoren abhängt, die er nicht beeinflussen kann.

So hat sich das Erntedankfest gewandelt und wurde durch neue Aspekte bereichert. Bei vielen Menschen schwingt am Erntedankfest auch ein Stück Sehnsucht nach der Natur mit. Dieses Fest gibt uns Gelegenheit, über das nachzudenken, was uns ohne eigenes Zutun gegeben und anvertraut wird, aber auch unseren Umgang mit der Umwelt bzw. der uns von Gott anvertrauten Schöpfung zu überdenken. Wir können uns neu auf unsere Verantwortung für diese Schöpfung besinnen.

Zudem regt das Erntedankfest dazu an, darüber nachzudenken, dass viele Menschen auf der Welt hungern, während andere im Überfluss leben. So war es früher Brauch, dass die erste oder die letzte Garbe mit Ähren für die Armen im Dorf bestimmt war.
Viele Erntebräuche werden heute zunehmend in den Hintergrund gedrängt. Früher waren vor allem der Beginn und das Ende der Ernte von zahlreichen Bräuchen begleitet, so wurden z. B. vor dem Beginn die Erntegeräte gesegnet oder man machte vor dem ersten Schnitt das Kreuzzeichen über Sense und Ähren. Die erste Wagenladung sollte ohne Streit und schweigend eingefahren werden; sie war für die Armen im Dorf bestimmt. In der Pfalz wurde der erste Erntewagen vor die Schule gefahren. Die letzten geernteten Körner wurden unter das Saatgut für das nächste Jahr gemengt.
Heute erinnern vor allem das kirchliche Fest mit dem Erntedankgottesdienst sowie Erntefeste in ländlichen Regionen an diese alten Traditionen.

Durchführung

- Die Teilnehmer sitzen im Kreis.
- Ein Teilnehmer beginnt: »Ich packe in den Erntekorb eine Tomate.« Der nächste Teilnehmer wiederholt den Satz des Vorgängers und fügt noch etwas hinzu: »Ich packe in den Erntekorb eine Tomate und eine Zucchini.« Reihum wird so das Spiel fortgesetzt. Wer die Erntegaben nicht mehr aufzählen kann, scheidet aus.

Hinweis

Es ist auch denkbar, dass der Gruppenleiter einen großen Erntekorb und viele Erntegaben bereitstellt, so dass das Gesagte konkret umgesetzt werden kann.

5.6 Gabenkorb

Thema:	*Gaben*
	Begabungen
	Erntedank
Alter:	*ab ca. 10 Jahre*
Arbeitsweise:	*Einzel- und Gruppenarbeit*
Dauer:	*ca. 40 Minuten*
Material:	*Klebstoff*
	Stifte
	kleine Zettel oder Karten
	Kopiervorlagen
Vorbereitungen:	*benötigtes Material bereitstellen*

Hinführung

In einem Kirchenlied heißt es: »Alle gute Gabe kommt her von Gott dem Herrn.«

An Erntedank wird meist an die Erntegaben gedacht, die Gottes reiche Schöpfung für uns bereithält. Warum nicht einmal an die Gaben und Begabungen denken, die Gott jedem einzelnen von uns geschenkt hat?

Durchführung

- Ein Gruppenmitglied stellt sich in die Mitte des Sitzkreises. Die übrigen Mitglieder überlegen sich, was derjenige besonders gut kann, was sie an ihm mögen und schätzen. Dann sprechen sie das Mitglied in der Gruppe mit Blickkontakt direkt an, z.B.: »Ich finde/ich denke, dass du ...«
- So geht es reihum, bis jedes Gruppenmitglied etwas Positives zu demjenigen in der Mitte gesagt hat. Erst dann wird gewechselt und jemand anders geht in die Mitte.
- Nun schreibt jeder für sich je eine Gabe oder Begabung, die er bei der vorangegangenen Übung gehört hat oder die ihm zu sich selbst noch einfällt, auf die vorbereiteten Karten.
- Die Karten werden in den leeren Erntekorb geklebt.
- Ein Gruppengespräch schließt sich an: Welche Gaben hat Gott uns geschenkt? Welche Vielfalt kommt in unserer Gruppe zusammen?

Alternative 1

Nicht jedes Gruppenmitglied gestaltet den Gabenkorb für sich alleine, sondern es entsteht ein großer Korb mit den Begabungen der gesamten Gruppe. Dazu wird der Erntekorb aus der Vorlage einfach vergrößert.

Alternative 2

Wer die Gaben nicht erst auf Karten schreiben möchte, schreibt sie direkt in den verbleibenden freien Platz über dem Erntekorb.

Weiterführung

Die Gruppenmitglieder teilen ihre Begabungen: Wer hat eine Fähigkeit, die mir helfen könnte? Was kann ich dafür anbieten?

Hinweis

Am besten nimmt jeder seinen Gabenkorb als Erinnerung mit nach Hause. Vielleicht kann er in späteren Situationen des Zweifelns und Verzagens Mut machen und sagen: Schau – all das sind deine Gaben. Setze sie ein. Nutze sie. Du kannst so vieles.

Kopiervorlage Korb

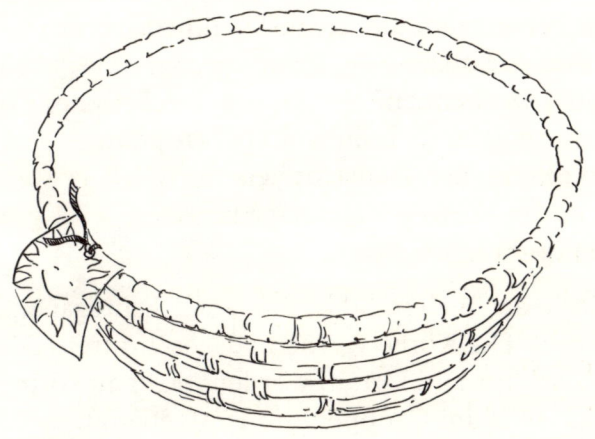

5.7 (Ernte-)Danklied

Thema:	*Danken*
	Erntedank
Alter:	*ab ca. 5 Jahre*
Arbeitsweise:	*Einzel- und Gruppenarbeit*
Dauer:	*ca. 40 Minuten*
Material:	*Liedblätter*
	Papier
	Buntstifte
	Original-Liedtext
Vorbereitungen:	*Liedblätter kopieren,*
	benötigtes Material bereitstellen

Hinführung

Das Erntedanklied ist ein umgedichtetes Lied auf die bekannte Melodie »Danke für diesen guten Morgen«. Es eignet sich zur Erarbeitung in der Gruppenstunde oder zur Gestaltung einer Erntefeier. Die genannten Erntegaben werden jeweils dann, wenn sie besungen werden, auf einem Altar/Tisch abgelegt.

Durchführung

- Die Gruppe bespricht den Liedtext, vergleicht ihn mit dem Original-lied und singt gemeinsam das Ernte-Danklied.
- Wofür wird hier gedankt?
- Wofür möchten wir danken?
- Die Gruppenmitglieder dichten weitere Strophen.
- Sie malen ein Bild zu den Liedstrophen.

Weiterführung

Die Gruppenmitglieder malen die besungenen Erntegaben in den Korb aus 5.6 (Gabenkorb). Die Körbe werden ausgeschnitten. Auf Packpapier wird ein großer Tisch gemalt. Darauf werden die Erntekörbe geklebt. Das entstandene Plakat wird im Gruppenraum aufgehängt.

Ernte-Danklied

Danke für diese gute Ernte,

danke für unser täglich Brot,

danke, ach Herr, du gibst uns auch in allergrößter Not.

Danke für all die roten Äpfel,

danke für diesen großen Kohl.

Danke, mit dieser reichen Ernte fühlen wir uns wohl.

Danke für diesen dicken Kürbis,

danke für diese Stange Lauch.

Danke, von dem was wir nun haben, geben wir andern auch.

Danke für diese schöne Blume,

danke für dieses Samenkorn.

Danke, dass deine Liebe währet immer neu von vorn.

Danke für diesen Sack Kartoffeln,

danke für dieses Glas Gelee.

Danke für deine Erntegaben, die ich vor mir seh.

Danke für diese dicken Trauben,

danke für diese Flasche Wein.

Danke für diese gute Ernte, sie wird reichlich sein.

Danke für diese runde Zwiebel,

danke für frischen Kopfsalat.

Danke dem mächt'gen Herren für das Aufgehn seiner Saat.

Danke für die orange Möhre,

danke für all das grüne Kraut.

Danke – derjenige erntet reichlich, der dem Herrn vertraut.

Danke für unsre warme Sonne,

danke für jeden Regenguss.

Danke, mit all der Erntearbeit ist nun endlich Schluss.

Danke für all die fleiß'gen Bauern,

danke für Traktoren und das Vieh.

Danke – ach Herr, lass uns vergessen dieses Danken nie.

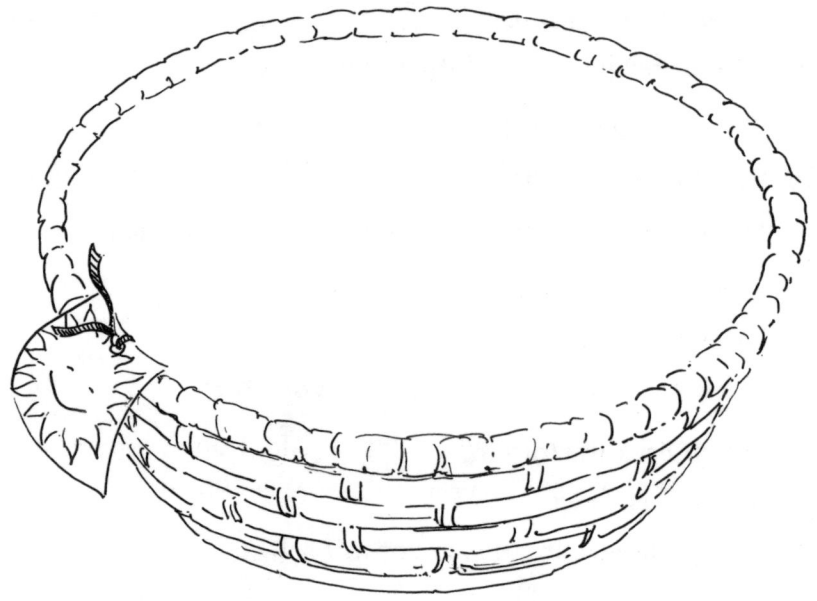

5. Gott loben und feiern – die Feste

5.8 Martinstag

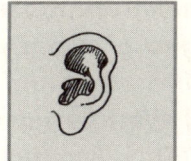

Thema:	Sankt Martin
Alter:	ab ca. 4 Jahre
Arbeitsweise:	Gruppenarbeit
Dauer:	ca. 30 Minuten
Vorlesedauer:	ca. 3 Minuten
Material:	Kopiervorlage (Bild)
	Buntstifte
	rote Stoffreste, rotes Papier oder rote
	Servietten
	evtl. Scheren
	Klebstoff
Vorbereitungen:	Kopiervorlagen in entsprechender Anzahl kopieren

Hinführung

Siehe Martins Lebenslauf (5.9).

Durchführung

*   Die Gruppenmitglieder betrachten das Bild der Kopiervorlage, benennen Personen und Vorkenntnisse zur Geschichte, die auf dem Bild dargestellt ist.
*   Was ist auf dem Bild nicht eingezeichnet?
*   Die Gruppenmitglieder überprüfen ihre Antwort anhand der Geschichte, die nun vom Gruppenleiter erzählt wird.
*   Die Gruppenmitglieder malen das Bild aus und kleben aus rotem Stoff, roten Papierstückchen oder einer roten Serviette den Mantel ins Bild.

Erzählvorschlag: Sankt Martin

Bitterkalt ist es und schon Abend. Trotzdem reitet Martin noch einmal mit seinem Schimmel hinaus. Er ist ein leidenschaftlicher Reiter. Der Boden ist schon fast gefroren vor Kälte, und so klappern die Hufe des Pferdes durch die grimmig kalte Luft. Martin zieht seinen Mantel fester um sich; ein scharfer Wind weht ihm ins Gesicht.

Auf einmal sieht er schemenhaft eine Gestalt am Boden kauern. Als er näher kommt, sitzt da ein Bettler am Wegesrand. Der Bettler zittert wie

Espenlaub am ganzen Körper, denn er hat nur ein dünnes Hemdchen an und ist schon fast erfroren. Als er das Geklapper der Pferdehufe hört, hebt er langsam seinen Kopf und schaut Martin ängstlich und betrübt an. Martin hat längst sein Pferd gestoppt und überlegt, wie er dem alten Bettler helfen könne. Ein Silberstück hat er nicht dabei. Plötzlich zieht Martin sein Schwert heraus, streift seinen Mantel von den Schultern und teilt diesen in der Mitte auseinander. Die eine Hälfte reicht er dem Bettler, die andere legt er sich selbst um. Dann reitet er davon.

In der Nacht hat Martin einen Traum: Derselbe Bettler kommt zu ihm, über einen Arm hat er die Hälfte des Mantels gelegt. Er zeigt Martin seine Nägelwunden an den Händen, und sein Gesicht schaut nicht mehr betrübt und ist jung. Jesus teilt ihm mit, er selbst sei der Bettler gewesen. Da erinnert sich Martin an die Jesusworte: »Was ihr einem meiner geringsten Brüder getan habt, das habt ihr mir getan.« Martin staunt über Gottes Fügung und lässt sich taufen.

Einige Menschen hören davon, was Martin getan hat. Sie wollen ihn zum Bischof von Tours machen; aber Martin will diese Würde nicht annehmen. Er versteckt sich in einem Gänsestall. Doch als man ihn sucht, schnattern die Gänse so laut und wild durcheinander, dass sie ihn damit verraten. Aus dieser Legende hat sich bis heute das Brauchtum erhalten, am Martinstag einen Gänsebraten zu essen.

5. Gott loben und feiern – die Feste

5.9 Lebenslauf Martin

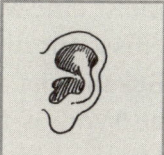

Thema:	*Sankt Martin*
Alter:	*ab ca. 9 Jahre*
Arbeitsweise:	*Einzel- und Gruppenarbeit*
Dauer:	*ca. 30 Minuten*
Material:	*Kopiervorlage Lückentext*
	Stifte
Vorbereitungen:	*Vorlage in ausreichender Zahl kopieren*

Hinführung

Der Martinstag wird am 11. November gefeiert. Auch in protestantischen Gegenden wird an diesen Traditionen festgehalten, da man am 10. November den Geburtstag von Martin Luther begeht.

Ausgangspunkt ist jedoch die Legende des heiligen Martin von Tours, der 316 nach Christus im heutigen Ungarn geboren wurde. Sein Vater war ein hoher römischer Offizier, und so trat auch Martin zunächst in die Armee ein. Nach seiner Bekehrung zum Christentum in jungen Jahren quittierte er den Militärdienst und wurde Missionar, denn er wollte von nun an nur noch der Sache Jesu dienen und die christliche Lehre verkünden. 371 wurde er Bischof von Tours. Dort starb er im Jahre 397. Sein Grab befindet sich in der Kathedrale von Tours. Martin gilt als Patron der Schneider, Bettler und Kriegsdienstverweigerer.

Noch heute ist der Martinstag mit vielen Bräuchen verbunden. So wird an diesem Tag an die Überlieferung erinnert, dass Martin am Stadttor von Amiens mit einem frierenden Bettler seinen Mantel geteilt habe. Manche Menschen fragen, warum er dem Bettler eigentlich nur den halben Mantel gab. Aber der halbe Mantel hat genügt, um den Bettler zu wärmen, und Martin selbst musste dabei auch nicht frieren. Jesus hat gesagt: »Was ihr einem meiner geringsten Brüder getan habt, das habt ihr mir getan« (Matthäus 25,40). In diesem Sinne war Martins Hilfe für den Bettler auch ein Liebesdienst an Jesus.

Der wohl bekannteste Brauch rund um den Martinstag sind die Martins- bzw. Laternenumzüge, die sich aus Lichterprozessionen und Fackelzügen entwickelt haben. Bei Anbruch der Dunkelheit treffen sich die Kinder mit ihren meist selbstgebastelten Laternen. Dann ziehen sie durch die Straßen und singen Martinslieder. Als Martinsgeschenk gibt es heute meist eine Martinsbrezel. Früher gab es Bonbons, Schokolade, Äpfel und Nüsse für die Kinder.

Bekannt ist auch das sogenannte Martinshörnchen. Man sagt, Martin habe Wotans Mantel getragen. Ihm zu Ehren isst man am Martinstag die Martinshörnchen, deren Hufeisenform an das Pferd Wotans erinnern soll.

Zur Zeit Karl des Großen schenkten die Klöster am Martinstag, welcher ein Zinstag war, Martinswein an die Bevölkerung aus. Häufig wechselten an »Martini« die Mägde und Knechte ihre Stellung, die Bauern zahlten ihre Pachtgelder und die Pachtverträge begannen oder endeten an diesem Tag. Die Korn- und Weinernte war am Martinstag beendet. Zudem galt der Tag im Volksbrauch als Winteranfang.

Oft wird auch ein Martinsfeuer angezündet, das beim Herunterbrennen übersprungen wird. In einigen Gegenden ist es üblich, dass vor jedem Haus ein kleiner Feuerstoß angezündet wird, so dass am Abend viele Lichter aufglühen. Martin hat durch seine Tat einen Lichtblick in das Leben des Bettlers gebracht; es wurde hell. Als Erinnerung daran zünden wir am Martinstag die Laternen und die Martinsfeuer an.

Für viele Kinder ist der Martinstag der Auftakt zur Weihnachtszeit. Auf jeden Fall ist der 11. November auch der Auftakt zum Karneval – die Elf gilt als närrische Zahl. Ebenso markiert er im Volksglauben auch das Ende der Gespenster, die an Allerheiligen erschienen sind.

Durchführung

- Die Gruppenmitglieder hören den Lebenslauf und erraten, um welche Person es sich handelt.
- Anschließend füllen sie den Lückentext aus.

Lebenslauf-Vortrag

Ich wurde im Jahr 316 nach Christus in Sabaria, im heutigen Ungarn, geboren. Damals gehörte dieser Ort zum Römischen Reich, das von Kaiser Konstantin dem Großen regiert wurde. Mein Vater war römischer Offizier. Damit war auch mein Beruf schon vorherbestimmt, denn damals war es üblich, dass die Söhne von Berufssoldaten ebenfalls ins Heer übertraten. Selbst der Name, den meine Eltern für mich wählten, deutete schon auf diese berufliche Laufbahn hin: Er bedeutet nämlich »Krieger« oder »dem Kriegsgott Mars geweiht«.

Ich verbrachte meine Kindheit vor allem in Italien. Meine römischen Eltern glaubten an mehrere römische Gottheiten. Aber ich lernte auch das Christentum kennen, das mich bereits als Kind tief beeindruckte. Schon früh stand für mich fest, dass ich mich taufen lassen wollte. Mit 15 Jahren trat ich ins Heer ein. Dort machte ich zunächst meine Grundausbildung bei der Kavallerie. Das ist die berittene Truppe. Meine Truppe wurde nach Amiens im heutigen Frankreich abberufen. Da ich mich bei der Armee bewährte, wurde ich schon bald zum Offizier befördert.

Im Alter von ungefähr 18 Jahren hatte ich ein Erlebnis, von dem die Christen noch heute sprechen: Ich traf am Stadttor von Amiens einen Bettler. Es war ein bitterkalter Wintertag, und der Mann war nur in Lumpen gekleidet. Achtlos gingen die Menschen an ihm vorüber. Die Kälte wäre der Tod des Mannes gewesen. Ich zog mein Schwert, teilte meinen Mantel in zwei Hälften und gab die eine Hälfte dem frierenden Bettler. In der gleichen Nacht hatte ich einen Traum, in dem mir Jesus erschien und zu mir sprach: »Was du einem meiner geringsten Brüder getan hast, das hast du mir getan.« Kurze Zeit später ließ ich mich taufen.

Immer wieder überlegte ich, aus dem Heer auszutreten. Kriegsdienst zu tun ließ sich für mich nicht mit dem Gebot der Nächstenliebe vereinbaren, wie Jesus es gepredigt hat. Immer wieder überkamen mich Zweifel, ob ich das Richtige tat. Eines Tages stand mein Entschluss fest: Ich gab mein Schwert zurück und kehrte dem Militär den Rücken. Belächelt und ausgelacht wurde ich, man beschimpfte mich als Feigling, Angsthasen und Drückeberger. Doch ich bereute meinen Entschluss nicht eine Sekunde. Ich machte mich auf zum Bischof von Trier, den ich auf vielen seiner Reisen begleitete, und lebte zufrieden als Christ. Vielen erzählte ich von der christlichen Botschaft und konnte sie überzeugen. So auch meine Mutter, die sich ebenfalls taufen ließ. Leider starb Bischof Maximinus schon kurze Zeit später. Doch er hatte mir geraten, mich an seinen Bruder, den Bischof Hilarius von Poitiers, zu wenden. Mich zog es wieder nach Italien. Dort predigte ich die christliche Botschaft. Ansonsten lebte ich eher zurückgezogen – im Einklang mit mir selbst. Fast 20 Jahre verbrachte ich in Oberitalien, bis mich eines Tages Bischof Hilarius zurückholte. Das war eine enorme Umstellung für mich, aus der Abgeschiedenheit heraus, in der ich gelebt hatte, wieder in die laute Stadt zurück. Die Menschen waren hektisch, alles ging schnell und laut zu. Deshalb zog ich mich nach Ligugé zurück. Bald schon kamen Gleichgesinnte zu mir, wir arbeiteten und beteten und wir wurden eine schöne Gemeinschaft. Dann gab es ungefähr um 371 ein weiteres Erlebnis in meinem Leben,

von dem du sicher auch schon gehört hast. In Tours sollte ein neuer Bischof gewählt werden. Und das Volk war der Meinung, dass ich dafür genau der Richtige sei. Aber ich wollte nicht zum Bischof gewählt werden und versteckte mich deshalb in einem Gänsestall. Leider schnatterten die Gänse so laut, dass sie mich verrieten. So wurde ich doch zum Bischof von Tours. Trotzdem lebte ich weiterhin einfach und bescheiden. Mein Hauptinteresse lag darin, Menschen von Jesus Christus zu erzählen. Ich starb am 8. November im Jahre 397 in Candes. Man überführte mich nach Tours, wo ich am 11. November begraben wurde. Seitdem kommen viele Besucher nach Tours, um mein Grab zu sehen. Der 11. November ist mein Gedenktag.
Bestimmt weißt du jetzt, wer ich bin.
Mein Name ist ...

Alternative 1

- Die Gruppenmitglieder haben den Lückentext zum Lebenslauf von Martin vor sich liegen. Jeder liest den Text still für sich.
- Anschließend liest der Gruppenleiter den Lebenslauf von Martin langsam vor. Ergibt sich aus dem Gehörten eine Information, die in eine Lücke eingetragen werden kann, tun dies die Teilnehmer.
- Anschließend erhält jeder den ausführlichen Lebenslauf-Vortrag und vergleicht den Lückentext damit.
- Eventuell erzählt der Gruppenleiter nochmals die Martinslegende (siehe Erzählvorschlag).

Alternative 2

Martin teilte seinen Mantel mit dem Bettler. Man kann nicht nur Dinge teilen, die man anfassen kann. Überlegt in der Gruppe, was man noch miteinander teilen kann, z.B. Arbeit, Zeit, Freude, Sorgen oder Wissen. Sucht in der Gruppe Beispiele dafür und erzählt sie euch gegenseitig.
Überlegt, mit wem ihr z.B. eure Sorgen oder auch eure Freude teilen würdet. Warum gerade mit dieser Person?
Schreibt Gutscheine, z.B. »Ich würde gerne die Arbeit mit dir teilen. Deshalb übernehme ich am ... folgende Arbeiten: ...«

5. Gott loben und feiern – die Feste

Alternative 3

Was wird größer, wenn man es teilt? Die Freude! Warum? Sucht Beispiele.

Alternative 4

Viele Menschen gingen achtlos am Bettler vorüber, Martin hielt inne und half. Niemand hatte ihn dazu aufgefordert. Wo kannst du helfen, ohne dass dich vorher Eltern, Lehrer, Geschwister usw. dazu auffordern müssen?

Erzählvorschlag: Sankt Martin

Siehe unter 5.8.

Der heilige _____von Tours

_____ wurde im Jahr 316 im heutigen _____ geboren.

Sein Vater war _____ Offizier. So musste auch er, wie es damals üblich war, _____ werden. Sein Name deutete schon auf diesen Weg hin, er bedeutet nämlich_____.

Mit 15 Jahren trat er ins _____ ein.

Mit 18 Jahren hatte er ein Erlebnis, von dem Christen noch heute sprechen. Er selbst war damals noch kein Christ. Am Stadttor von Amiens begegnete er an einem bitterkalten Wintertag einem _____.
Keiner der Menschen beachtete diesen. Die Kälte wäre sein Tod gewesen. Spontan zog er sein _____, teilte seinen _____ und gab dem frierenden _____ eine Hälfte.

In der Nacht erschien ihm _____ im Traum. Er sagte: »Was du einem meiner geringsten Brüder getan hast, das hast du mir getan.« Dieses Erlebnis beeindruckte ihn zutiefst. _____ ließ sich _____ und wurde Christ. Er gab den Militärdienst auf und erzählte vielen Menschen von Jesus Christus.

Ungefähr im Jahr 371 wurde er zum _____ von Tours gewählt. Auch von diesem Erlebnis erzählen die Menschen sich noch heute. Er wollte nicht zum Bischof gewählt werden. Deshalb versteckte er sich in einem _____. Doch die _____ schnatterten so laut, dass sie ihn dadurch verrieten.

Am 8. November 397 starb _____; am 11.11. wurde er begraben. Seitdem wird der 11. November als sein Gedenktag mit Laternenumzügen, Martinsfeuern und Brezeln gefeiert.

Lösungswörter: Gänsestall, Gänse, Heer, Soldat, taufen, Ungarn, Krieger, römischer, Bettler, Mantel, Schwert, Bischof, Jesus, Martin

Gutschein

von _____

für _____

_____

_____

_____

_____

_____

_____

_____

_____

_____

_____

5.10 Barbarazweige

Thema:	*Barbaratag*
Alter:	*ab ca. 7 Jahre*
Arbeitsweise:	*Einzel- und Gruppenarbeit*
Dauer:	*ca. 40 Minuten*
Material:	*Kopiervorlage*
	Papiertaschentücher
	rote (evtl. gelbe) Filzstifte
	Klebstoff
Vorlesedauer:	*ca. 3 Minuten*
Vorbereitungen:	*benötigtes Material bereitstellen*

Hinführung

Der 4. Dezember ist der Gedenktag der heiligen Barbara. Um ihn ranken sich verschiedene Brauchtümer. Der wohl bekannteste Brauch ist der, an diesem Tag Apfel-, Kirsch,- Pflaumen-, Holunder- oder Forsythienzweige ins Haus zu holen. Diese Zweige stellt man in eine Vase mit lauwarmem Wasser. Bis zum Weihnachtstag sollen sie – bedingt durch die Wärme – knospen und zu blühen beginnen. Blühen die Zweige an Weihnachten, so wird dies als gutes Zeichen für die Zukunft gewertet. Eine andere Auslegung besagt, dass es in der Familie im nächsten Jahr eine Hochzeit geben wird, wenn die Barbarazweige am Heiligen Abend blühen.

Das Brauchtum um die blühenden Barbarazweige ist eng verknüpft mit der Lebensgeschichte der Heiligen. Barbara lebte im dritten Jahrhundert nach Christus in Kleinasien, in der heutigen Stadt Izmit in der Türkei. Faktisch wissen wir nicht viel über ihr Leben, das meiste ist Legende. Zu den historisch erwiesenen Tatsachen zählt jedoch, dass in jener Zeit unter Kaiser Decius (249–251) die Christen in Kleinasien grausam verfolgt wurden.

Trotzdem wurde sie Christin und ließ sich taufen. Als ihr Vater Dioskuros das erfuhr, soll er derart darüber in Wut geraten sein, dass er seine eigene Tochter anzeigte. So wurde Barbara gefangen genommen und vor Gericht gestellt. Die Legende erzählt, auf dem Weg ins Gefängnis habe sich ein Kirschzweig in Barbaras Kleid verfangen. Diesen Zweig habe sie in ein kleines Trinkgefäß in ihrer Zelle gestellt, und am Tage ihres Todes habe er ihr zum Trost geblüht. Bis heute sind die blühenden Barbarazweige mitten im Winter ein Zeichen dafür, dass es trotz aller Bedrohungen immer auch einen Hoffnungsschimmer im Leben gibt.

Barbara wurde gefoltert und zum Tod durch das Schwert verurteilt. Den Todesschlag soll ihr Vater selbst ausgeführt haben. Unmittelbar danach sei er auf dem Gerichtsplatz durch einen Blitzschlag zu Tode gekommen, berichtet die Legende weiter. Aus diesem Grund gilt Barbara auch als Beschützerin vor Blitz und Unwetter.

Barbara starb für ihren Glauben. Sie ist zum Symbol der Standhaftigkeit geworden. Man sagt, die vertrockneten Blüten auf ihrem Grab blühten jedes Jahr erneut genau am Heiligen Abend. Auch darin liegt ein Grund für den bis heute gepflegten Brauch der Barbarazweige.

Für Christen sind die Barbarazweige ein Bild des Frühlings und ein Zeichen für das neue Leben, das Christus bringt. Seinen Ursprung findet dieser Brauch aber bereits in der heidnischen Sonnwendfeier und den Fruchtbarkeitsriten. Warum diese heidnischen Riten mit der heiligen Barbara in Verbindung gebracht wurden, ist nicht bekannt.

Seit dem 15. Jahrhundert zählt Barbara zu den 14 Nothelfern der katholischen Kirche. Sie ist außerdem die Schutzpatronin der Artilleristen, Bergleute, Gefangenen, Architekten, Glöckner und Bauern. Die Bergleute lassen in Erinnerung an die Heilige am 4. Dezember ein Licht im Stollen für sie brennen. Viele Kirchenglocken tragen ihren Namen.

Barbara wird meist mit einem dreifenstrigen Turm (als Symbol der Dreifaltigkeit), mit einem Schwert oder einer Fackel dargestellt.

In einigen Gegenden stellen die Kinder, ähnlich wie auch am Nikolaustag, am Abend vor dem Barbaratag ihre Schuhe vor die Tür, um am nächsten Morgen Süßigkeiten darin zu finden. Wer sich allerdings nicht gut benommen hat, dem werde eine Zwiebel in den Schuh gelegt, heißt es. Und nicht geputzte Schuhe bleiben natürlich leer.

Durchführung

- Die Gruppenmitglieder betrachten die Kopiervorlage und äußern ihre Assoziationen.
- Sie kolorieren den Zweig.
- Der Gruppenleiter liest die Geschichte von der heiligen Barbara vor.
- Anschließend werden an den Ast Blüten geklebt. Dazu werden Papiertaschentücher in kleine Stücke gerissen, mit den Fingern zu Blüten zusammengedrückt und an den Rändern mit Filzstift eingefärbt.

Erzählvorschlag: Die Legende von der heiligen Barbara

Am 4. Dezember feiern wir den Barbaratag. Wir stellen Zweige vom Apfel-, Kirsch-, Pflaumen- oder Holunderbaum oder Forsythienzweige in eine Vase mit lauwarmem Wasser. Am Heiligen Abend sollen diese Zweige dann in der Wohnung blühen, während draußen alles kahl und trostlos aussieht. Ich will euch heute erzählen, warum wir das tun, und warum diese Zweige auch Barbarazweige genannt werden.

Barbara lebte im 3. Jahrhundert in der heutigen Türkei. Ihr Vater, ein reicher Kaufmann, liebte sie über alles. Er war aber auch sehr eifersüchtig und passte mit Argusaugen auf seine Tochter auf. Immer, wenn er verreisen musste, sperrte er sie in einen Turm mit zwei Fenstern ein. Als der Vater jedoch eines Tages wieder einmal von einer seiner Reisen zurückkam, sah er, dass Barbara noch ein drittes Fenster in den Turm hatte schlagen lassen. Auf seine Frage hin erklärte sie ihm, dies sei das Zeichen für die Dreieinigkeit, an die sie glaube: Gott Vater, Sohn und Heiliger Geist. An der Tür hatte Barbara ein Kreuz anbringen lassen. Und so erfuhr der Vater, dass seine Tochter Barbara sich in seiner Abwesenheit hatte taufen lassen und Christin geworden war.

Daraufhin tobte er vor Wut. Er hatte nämlich schon einen jungen und reichen Mann für seine Tochter ausgesucht. Doch dieser würde niemals eine Christin heiraten. Um Barbara zur Besinnung zu bringen, sperrte er sie nochmals in den Turm ein. Aber Barbara hielt am christlichen Glauben fest. So zeigte der Vater schließlich seine eigene Tochter an. Barbara wurde gefangen genommen, vor Gericht gestellt und zum Tode durch einen Schwertschlag verurteilt. Auf dem Weg ins Gefängnis verfing sich ein Kirschzweig in Barbaras Kleid. Diesen stellte sie in einen kleinen Becher in ihrer Zelle. Am Tage ihres Todes soll er geblüht haben. Im Blühen dieses Zweiges hat Barbara Trost gefunden und Hoffnung gesehen.

5. Gott loben und feiern – die Feste

5.11 Nikolausschiffchen

 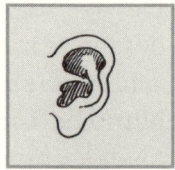

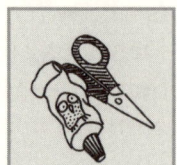

Thema:	*Legende von der Kornvermehrung*
Alter:	*ab ca. 5 Jahre*
Arbeitsweise:	*Einzel- oder Gruppenarbeit*
Dauer:	*ca. 30 Minuten*
Material:	*DIN-A4-Blätter*
	evtl. kleine Kerzen
	(evtl. größere Kerzen, um das Schiffchen in Wachs zu tauchen)
	Weizenkörner
Vorbereitungen:	*benötigtes Material bereitstellen*

Hinführung

Seit dem 15. Jahrhundert ist es Sitte, in den Familien kleine Schiffchen aus Papier zu falten (Schiffchensetzen). In diese soll der heilige Nikolaus am Nikolausabend seine Gaben für die Kinder legen. Angeblich soll daraus unser heutiger Brauch entstanden sein, Stiefel vor die Tür zu stellen oder Strümpfe an die Türklinke zu hängen. Was die Schiffe mit dem heiligen Nikolaus zu tun haben, erzählt uns die Geschichte von der Kornvermehrung (siehe Erzählvorschlag).

Durchführung

- Die Gruppenmitglieder hören die Geschichte von der Kornvermehrung.
- Sie falten selbst Papierschiffe und füllen diese mit Getreidekörnern.
- Wer möchte, schiebt durch die Spitze eine kleine dünne Geburtstagskerze und zündet diese an. Nikolaus hat die Menschen in Myra vor dem Verhungern gerettet. Er hat ihr Leben durch die Kornsäcke, die er bei den Seeleuten erbettelt hat, hell gemacht.
- Wenn die Schiffe in flüssiges Wachs getaucht werden, kann man sie gut in einer Wanne mit Wasser schwimmen lassen.

Bastelanleitung

(Eine Skizze zur Bastelanleitung findet sich auf der CD-ROM.)
Ein DIN-A4-Blatt wird einmal längs gefaltet und dann noch einmal quer.

Danach klappt man es wieder auf DIN-A5-Größe auf. Dabei muss man darauf achten, dass die offene Seite nach unten zeigt. Die beiden geschlossenen, oberen Ecken werden bis zur Mittellinie umgeknickt.

Nun die unteren, offenen Enden auf der Vorder- und Rückseite nach oben klappen und die überstehenden Ecken nach hinten falten; eventuell festkleben. Nun ist der so genannte Papierhut entstanden.

Den Hut aufklappen und auseinanderziehen. Dabei einfach die beiden Seiten des Hutes nach außen drücken (sieht aus wie ein Maul) und falten. Nun die beiden unteren, offenen Ecken nach oben klappen, so dass ein Dreieck entsteht (Minihut). In den Minihut wird hineingegriffen, und er wird wieder zu einem »Maul« gefaltet.

Nun werden die beiden äußeren Teile an den Spitzen gleichzeitig nach außen gezogen. Noch in Position gebracht – fertig ist das Schiffchen.

Kleiner Tipp: Wenn man den Rumpf in flüssiges Wachs taucht und danach trocknen lässt, dann schwimmt es sogar!

Erzählvorschlag: Die Legende von der Kornvermehrung

Myra ist eine Stadt am Meer; sie liegt dort, wo heute die Türkei ist. Wart ihr schon mal in der Türkei oder habt ihr im Fernsehen Bilder von diesem Land gesehen?

Dann könnt ihr euch sicher vorstellen, dass Nikolaus von Myra nicht auf einem Schlitten zu den Menschen gekommen ist. Gelebt hat er aber wirklich. Wer war also dieser Nikolaus? Er wird bis heute verehrt; viele Namen hat er bekommen. Bischof Nikolaus starb am 6. Dezember 352.

Wir kennen ihn hauptsächlich im roten Mantel, manchmal mit einem Stab in der Hand. Meist trägt er einen schweren Sack bei sich. Dieser Sack ist gefüllt mit Äpfeln, Nüssen, Mandarinen und Honigkuchen. Nikolaus geht von Haus zu Haus und verteilt seine Gaben an die Kinder. Noch heute wird der Nikolaustag zum Andenken an den echten Bischof Nikolaus so gefeiert. Doch das ist heute – was damals war, erzähle ich euch jetzt:

Nikolaus wurde in der Stadt Myra zum Bischof gewählt. Doch eines Tages herrschte dort eine große Hungersnot. Das Essen war aufgebraucht, und niemand hatte auch nur ein kleines Stückchen Brot übrig. Nichts, rein gar nichts gab es mehr zu essen. Alle hatten großen Hunger. Da wurden die Eltern ganz traurig, weil sie den Kindern nichts mehr zu essen geben konnten. Und die Kinder wurden ganz traurig, weil sie vor lauter Hunger

Bauchweh bekamen und weil sie ihre Eltern so besorgt sahen. Das war ungefähr im Jahr 350.

Der Sommer war sehr heiß gewesen. So wuchs nur wenig Getreide, und das wenige Korn auf den Feldern verdorrte durch die glühende Sonne. Schon lange hatte es nicht mehr geregnet, nicht einen einzigen Tropfen. Viele waren verzweifelt. Tag und Nacht konnten die Kinder vor Hunger an nichts anderes mehr als ans Essen denken. Es war kaum noch auszuhalten. Die Menschen waren mutlos. Sie baten Nikolaus, ihnen zu helfen. Gerade als die Not nicht mehr hätte größer werden können, da sahen die Menschen von Myra schon von weitem ein Getreideschiff. Und ja: Das Schiff, voll beladen mit Weizen, legte tatsächlich am Ufer an. Es kam aus Ägypten. Die Matrosen wollten frisches Wasser an Bord nehmen. Und dann wollten sie weiter fahren. Sie hatten den Auftrag, das Korn zum Kaiser nach Byzanz zu bringen.

Die Bewohner der Stadt flehten die Matrosen an: »Wir verhungern, wenn ihr uns nicht etwas von eurem Korn abgebt. Habt Erbarmen mit unseren Kindern. Oder habt ihr ein Herz aus Stein?« Nein, ein Herz aus Stein hatten die Matrosen sicher nicht. Aber sie hatten Angst vor dem Kaiser. Der würde sie ins Gefängnis werfen lassen, wenn auch nur ein Kornsack fehlen würde. Die Leute von Myra baten den Kapitän des Schiffes um Hilfe, aber auch er gab nicht ein einziges Korn heraus. Im Gegenteil – er verhinderte, dass auch nur ein Fremder an Bord gehen konnte. Die Menschen bettelten und bettelten, aber es half nicht.

Sie riefen: »Nikolaus, Nikolaus!« Er sollte ihnen helfen. Er sollte ihre letzte Rettung sein. Wenn auch er nichts erreichen konnte – ja dann ...

Nikolaus hörte es und rannte zum Hafen, um den Kapitän umzustimmen und für die Menschen der Stadt Korn zu bekommen, damit sie Brot backen konnten. Er ging zu dem Schiff und sprach mit den Seeleuten, so wie es die Leute zuvor getan hatten: »Vertraut mir. Euch wird kein einziges Korn fehlen, wenn ihr beim Kaiser ankommt.« Aber der Kapitän gab nicht nach. Und Nikolaus gab nicht auf.

Weil er so hartnäckig war, ließ sich der Kapitän dann doch noch überreden. So bewahrte Nikolaus die Menschen vor dem Hungertod. Sie feierten ihn und lobten seine große Tat für die Stadt Myra. Sie erzählten die Geschichte weiter, so dass wir sie noch heute weitererzählen können. Und Nikolaus verteilte das Korn an die Menschen in der ganzen Stadt.

5. Gott loben und feiern – die Feste

Die Seeleute erreichten nach vielen Tagen auf See endlich ihr Ziel. Und, was meint ihr, hatten die Getreideschiffer Angst vor dem Kaiser! Und hat der Kaiser geschimpft? Nein!

Obwohl sie in Myra so viel verschenkt hatten, fehlte tatsächlich kein einziges Weizenkorn. Der Kaiser lobte die Seeleute sogar für ihre Hilfe.
Um den heiligen Nikolaus ranken sich viele solcher Geschichten. Vielleicht hast du auch schon mal eine gehört?

5.12 Mandala

Thema:	*Advent*
	Weihnachten
	Stille
Alter:	*ab ca. 5 Jahre*
Arbeitsweise:	*Einzel- und Gruppenarbeit*
Dauer:	*ca. 30 Minuten*
Material:	*Abdeckplane*
	Schere
	Kiste mit verschiedenen »Advents- bzw. Weihnachtsmaterialien« wie z. B. Tannenzweigen, Zapfen, (Stroh-)Sternen, Kugeln, Nüssen
	evtl. eine Kerze
Vorbereitungen:	*Der Gruppenleiter legt im Raum eine möglichst große Kreisfläche fest, welche die Unterlage für das Mandala bilden soll. Der Kreis wird mit einer zugeschnittenen Abdeckplane ausgelegt. Je nach Geschmack kann er zusätzlich mit Sand oder Erde ausgestaltet werden.*
	Der Gruppenleiter stellt die Kiste mit den Weihnachtsmaterialien bereit.

Hinführung

Mandalas zum Ausmalen sind längst bekannt. Das Ausmalen der verschiedenartigen Muster führt zur inneren Ruhe, lässt Gedanken und Assoziationen freien Lauf. Hier geht es darum, mit Materialien ein Mandala plastisch zu gestalten und bei der anschließenden Betrachtung – je nach Gruppensituation auch schon beim Gestalten – zur Ruhe zu kommen. Mit dem Mandala kann auch die Mitte eines Raumes in der Advents- und Weihnachtszeit gestaltet werden.

Durchführung

- Die Teilnehmer wählen aus der Kiste Legematerialien aus und beginnen von der Kreismitte aus, ein Mandala zu legen.
- Danach kann eine Kerze in die Mitte gestellt werden.
- Während die Kerze brennt, hat die Gruppe die Gelegenheit, in einem Moment der Stille und Besinnung das Mandala zu betrachten.

Hinweise

Trifft sich die Gruppe jeden Tag, kann das Mandala auch täglich von einem Teilnehmer neu gestaltet werden.
Zum Thema Weihnachten siehe auch unter 5.13.
Zum Thema Advent siehe auch unter 5.14.

5.13 Reise nach Betlehem

Thema:	*Herbergssuche*
	Weihnachtsgeschichte
Alter:	*ab ca. 4 Jahre*
Arbeitsweise:	*Gruppenarbeit*
Dauer:	*ca. 30 Minuten*
Vorlesedauer:	*ca. 3 Minuten*
Material:	*Stühle (einen weniger als Teilnehmer)*
	CD-Player mit Musik
Vorbereitungen:	*Stühle im Raum verteilt aufstellen*

Hinführung

Das bekannte Spiel »Reise nach Jerusalem« wird leicht abgewandelt und umbenannt.
Maria und Josef sind auf einer für Maria sehr beschwerlichen Reise. Das Spiel verdeutlicht die Mühen der Herbergssuche.
Die Stühle, von denen jeder eine Herberge (und einer den Stall) symbolisiert, werden kreuz und quer im Raum aufgestellt.

Durchführung

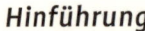

- Alle Teilnehmer bewegen sich zur Musik durch den Raum.
- Stoppt die Musik, muss jeder eine Herberge finden, d.h. sich auf einen Stuhl setzen.
- Wer keine Herberge hat, scheidet aus. Jedes Mal, wenn die Musik gestoppt hat, wird ein Stuhl mehr weggenommen. Das Spiel geht so lange weiter, bis nur noch ein Teilnehmer und ein Stuhl (Stall) übrig sind.
- Im Anschluss an das Spiel spricht die Gruppe über ihre Empfindungen. Was muss es für ein Gefühl gewesen sein, die Tür vor der Nase zugeschlagen zu bekommen?
- Schlagen auch wir heute anderen Menschen symbolisch die Tür vor der Nase zu, indem wir sie z.B. ausgrenzen, missachten, über sie herziehen?
- Was heißt »Herberge« heute für uns, und was bedeutete es damals für Maria und Josef?
- Wo finde ich eine Herberge?
- Der Gruppenleiter erzählt die Geschichte von der Herbergssuche.

Es ist eine spannende Übung, vor dem Spiel mit der Gruppe bewusst einen Kilometer weit zu gehen und so ein Gespür dafür zu bekommen, wie groß die Entfernung zwischen Nazareth und Betlehem war.

Erzählvorschlag: Herbergssuche

Im römischen Reich findet eine große Volkszählung statt. Alle Welt soll gezählt werden. Damals gibt es noch keine Standesämter und Verwaltungen. Und so muss jeder in seine Geburtsstadt, um sich registrieren zu lassen. Deshalb machen sich auch der Zimmermann Josef und seine Verlobte Maria aus Nazareth auf den Weg nach Betlehem. Es ist ein langer Weg. Eine weite Reise. Für Maria eine besonders schwere Reise, denn sie ist schwanger. Schon lange sind die beiden unterwegs. Manchmal reitet Maria auf dem Esel. Josef führt ihn. Manchmal geht auch Maria zu Fuß, damit der Esel sich ausruhen kann. So geht es Tag für Tag. Maria und Josef sind müde. Sie spüren kaum noch ihre Glieder. Aber ihre Füße spüren sie dafür umso mehr. Die Füße schmerzen. Josef hat schon etliche Blasen. Maria hat Durst. In der sengenden Hitze ist die Wasserflasche schnell leer. Manchmal dauert es Stunden, bis sie im nächsten Ort an einem Brunnen die Flasche wieder auffüllen können. Maria wird schwindlig – die Hitze, das Kind in ihrem Bauch. Immer wieder denkt sie: »Ach wären wir doch bloß schon in Betlehem!« Sie hofft auch, dass ihr Kind sich noch ein bisschen Zeit lässt, um auf die Welt zu kommen. Maria wäre dann gerne wieder in Nazareth, in ihrer vertrauten Umgebung, zuhause. Warum musste der Befehl, sich zählen zu lassen, auch ausgerechnet jetzt kommen? Manchmal hadert Maria mit ihrem Schicksal. Sie hat Hunger und Durst. Josef gibt sich tapfer; er will Maria nicht noch mehr beunruhigen. Maria weiß das. Auch sie ist stark.

Sie sind kurz vor ihrem Ziel. Die Nacht bricht schon herein. Josef und Maria suchen eine Herberge. Sie klopfen an eine Tür, an zwei Türen, an viele Türen. Sie bitten um einen Platz zum Schlafen. Sagen, dass Maria schwanger ist. Seit Stunden schon hat sie Schmerzen im Bauch. Seit Stunden schon beißt sie die Zähne zusammen. Aber jetzt ist ihr zum Heulen zumute. Sie suchen einen Schlafplatz für sich – und für ihr Kind. Sie finden Abwehr. »Ihr seid doch nicht von hier!«, sagt man zu ihnen. »Wir haben selbst kaum Platz«, hören sie. »Wir wollen unsere Ruhe haben. Es ist eine Unverschämtheit, so spät noch an unsere Tür zu klopfen.« »Schert euch weg.«

Wie Bettler kommen sich Maria und Josef vor. Sie spürt, dass ihr Sohn bald auf die Welt kommen will, deshalb sucht sie weiter. Nicht für sich, für ihn. Sie sucht einen Platz für eine Nacht, für ihn. So hat sie sich das nicht vorgestellt. Ihre Füße wollen sie kaum noch tragen. Maria krümmt sich jetzt vor Schmerzen. Auch Josef weiß, was das bedeutet. Schließlich finden sie einen Stall. Dort dürfen sie die Nacht verbringen. Eine ganz besondere Nacht.

Er wird geboren. Ihr Sohn. Gottes Sohn.

5. Gott loben und feiern – die Feste

5.14 Adventskranz

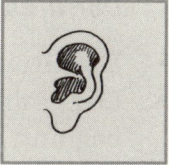

Thema:	*Advent*
	Psalm 24
	Adventskranz
Alter:	*ab ca. 6 Jahre*
Arbeitsweise:	*Gruppenarbeit*
Dauer:	*ca. 40 Minuten*
Material:	*Bibel*
	Textvorlagen
	Klebstoff
	Papier
	Stifte
	Plakatkarton
Vorbereitungen:	*benötigtes Material bereitstellen*

Hinführung

Das Aufstellen eines Adventskranzes gehört heutzutage zu den beliebtesten Adventsbräuchen. Er ist aus den Wohnzimmern nicht mehr wegzudenken. Vor allem für Kinder macht er mit seinem Kerzenlicht den zeitlichen Ablauf der Vorweihnachtszeit sichtbar und vorstellbar. Erst eins, dann zwei, dann drei, dann vier …

Den Adventskranz verdanken wir dem evangelischen Hamburger Pastor Johann Hinrich Wichern. 1838 schmückte Wichern in der Adventszeit den Kapellenraum des »Rauhen Hauses« in Hamburg mit einem Holzreifen, in dem Tannenzweige steckten. Jeden Abend wurde eine Kerze auf den Holzreifen gesteckt.

Für jeden Werktag bis zum 24. Dezember kam eine Kerze dazu. Für den Heiligen Abend selbst gab es keine Kerze mehr, weil dann die Kerzen am Christbaum angezündet wurden. Den Menschen in den Nachbarhäusern gefiel diese Idee. Allerdings hatten sie nicht so viel Platz in ihren Wohnzimmern. So wurde aus dem großen, mit Tannen geschmückten Holzreifen ein kleiner Kranz – und aus den 23 schließlich vier Kerzen, welche die Adventssonntage zählen.

Durchführung

- Die Gruppe liest gemeinsam Psalm 24.
- Der Psalm kann auch im Wechsel gelesen werden. Der Gruppenleiter beginnt, die Gruppe spricht die eingerückten Verse.
- Ergänzend kann noch Matthäus 21, 1–9 gelesen werden. Der Evangelist Matthäus beschreibt, was sich beim Einzug Jesu in Jerusalem zugetragen hat. Wie werden wir Jesus in der Adventszeit empfangen, die ja ebenfalls eine Zeit des Wartens auf das Kommen Jesu ist?
- Die Gruppenmitglieder schneiden die Teile der Kopiervorlage aus und basteln einen Adventskranz, entweder mit vier Kerzen oder einen Kranz nach dem Vorbild von Wichern.
- Mit der Kopiervorlage kann man sich auch einen Adventskalender herstellen. Jeden Tag wird eine weitere Kerze auf den Kranz geklebt.
- Der folgende Ablauf eignet sich auch zur Gestaltung einer Andacht zum 1. Advent. Die Gruppenmitglieder oder der Gruppenleiter lesen nacheinander die Texte vor, dabei wird der Adventskranz geschmückt.

Text Advent

Advent bedeutet Ankunft. Wir erwarten die Ankunft des Herrn. In den vier Wochen der Adventszeit zählen wir die Tage bis Weihnachten, der Geburt unseres Herrn Jesus Christus. Advent bedeutet auch Vorbereitung und Erwartung. Wir bereiten uns auf das Fest vor und erwarten das Christkind mit Spannung.

Am ersten Advent beginnt auch ein neues Kirchenjahr.

Das ist für euch wahrscheinlich weniger wichtig. Wenn ihr Kinder an den Advent denkt, fallen euch bestimmt viele andere Sachen ein.

In unserer Kirche/Gruppe merkt man heute noch gar nicht, dass es Advent ist. Irgendetwas fehlt noch.

(Gruppenmitglieder äußern sich: Adventskranz. Grüner Kranz ohne Schmuck wird hereingeholt.)

Ich möchte heute mit allen gemeinsam diesen Kranz schmücken. Gleichzeitig werden wir hören, warum wir überhaupt einen Adventskranz aufstellen und woher dieser Brauch kommt.

Was brauchen wir denn für unseren Adventskranz in der Kirche?

Sieht der nicht noch etwas kahl aus? Da fehlt doch noch was!

---

5. Gott loben und feiern – die Feste

Text Kerzen

Dieser Kranz erzählt vom Licht, das in die Welt gekommen ist.

Christus ist das Licht der Welt. Eine Kerze ist wie ein Bild von ihm. Wo sie brennt, verbreitet sie Licht und Wärme, Hoffnung und Freude.

(Evtl. mit Schleifen schmücken)

So sah unser Kranz jedes Jahr aus. Diesmal soll er anders aussehen. Wir wollen ihn noch weiter schmücken.

Habt ihr eine Idee, womit wir ihn noch schmücken können?

Text Äpfel

Bei Äpfeln denken wir an die Geschichte von Adam und Eva, dem ersten Menschenpaar in der Bibel. Der Apfel deutet darauf hin, dass Christus Gott und die Menschen wieder miteinander versöhnt hat. Symbolisch gilt der Apfel auch als Fruchtbarkeits- und Liebessymbol und als Symbol des Lebens. Er war der Vorläufer der späteren Christbaumkugeln.

Text Nüsse

»Gott gibt die Nüsse, aber knacken muss man sie selbst«, lautet ein bekanntes Sprichwort. Die Nuss ist ein Symbol für das Wort Gottes. Sie hat eine harte Schale und ist schwer zu knacken.

Ähnlich geht es uns mit dem Wort Gottes, das oft schwer zu verstehen ist. Hat man die Nuss geöffnet, kommt man an den Kern. So ist das auch mit unserem Glauben. Wenn wir Gottes Wort verstanden haben, sind wir am Geheimnis des Glaubens angelangt.

Text Lebkuchen

Noch heute nennen wir bestimmte Gebäcksorten Lebkuchen. Das Wort »leb« stammt aus dem Althochdeutschen und bedeutet »Heil- und Arzneimittel«. In den Klöstern hatte man besondere Gärten für Arzneipflanzen angelegt, die in den kleinen Gebäckstücken verarbeitet wurden. An Weihnachten wurden solche Arznei- oder Heilkuchen verteilt. Durch diese Gaben wollte man zum Ausdruck bringen, dass das Weihnachtsgeschehen der ganzen Menschheit Heil bringen will.

Wir wollen jetzt die erste Kerze mit dem Licht der Osterkerze anzünden und dazu das Lied »Wir sagen euch an den lieben Advent« singen.

Textvorlage: Psalm 24
Macht die Tore weit und die Türen in der Welt hoch, dass der König der Ehren einziehe!
    Wer ist der König der Ehren?
    Es ist der Herr, stark und mächtig, der Herr, mächtig im Streit.
Macht die Tore weit und die Türen in der Welt hoch, dass der König der Ehren einziehe!
    Wer ist der König der Ehren?
    Es ist der Herr Zebaoth: Er ist der König der Ehren.

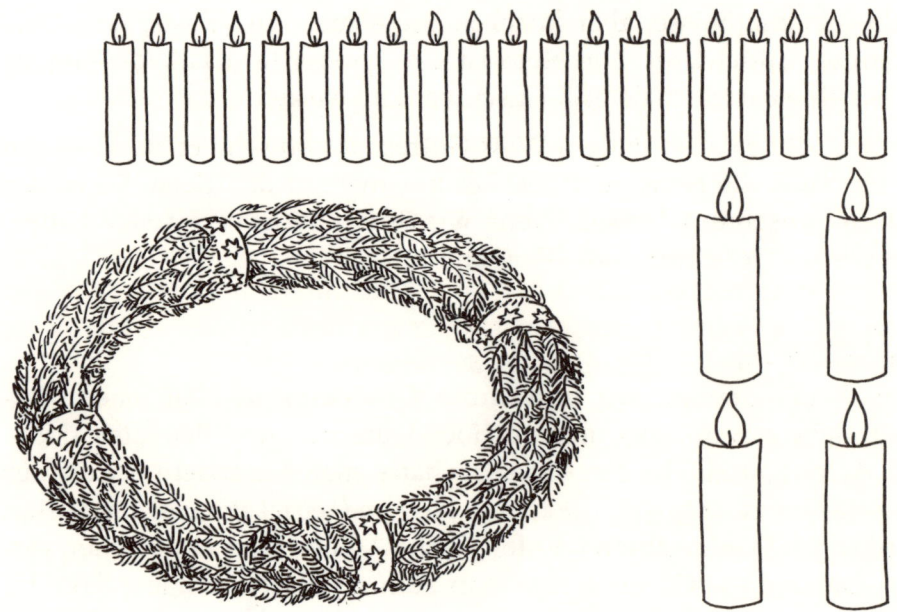

6. Gott spüren – das Leben

6.1 Wohlfühlkiste

Thema:	*Mut*
	Trost
	Wohlfühlen
Alter:	*ab ca. 7 Jahre*
Arbeitsweise:	*Einzel- und Gruppenarbeit*
Dauer:	*ca. 40 Minuten*
Material:	*pro Teilnehmer eine leere Streichholzschachtel*
	Papier
	Klebstoff
	Stifte
	kleine Zettel oder Karten, die in eine Streichholzschachtel passen
Vorbereitung:	*benötigte Materialien bereitstellen,*
	Karten auf die Größe von Streichholzschachteln zuschneiden

Durchführung

- Jeder Teilnehmer gestaltet zwei vorbereitete Karten individuell mit seinem Namen und Bildern. Diese werden außen auf die Streichholzschachtel geklebt und sagen unverkennbar, wem die Schachtel gehört.
- Anschließend werden die Schachteln auf einem großen Tisch aufgestellt.
- Jeder Teilnehmer überlegt sich, was er an den anderen Teilnehmern schätzt, bewundert, was ihm an ihnen besonders gefällt, welche Stärken er an ihnen beobachtet hat, was beide miteinander verbindet usw.
- Für jeden Teilnehmer schreibt jeder mindestens eine solche »gute« Karte auf, die dem Empfänger gut tun wird.
- Dann verteilt er seine Karten in die entsprechenden Streichholzschachteln.
- Jeder Teilnehmer erhält so sein ganz persönliches Schatzkästchen mit lauter gut gemeinten, lieben Worten, die er nach Bedarf nachlesen kann. Sie können ihn trösten, ihm Mut machen, ihn bestärken, eben einfach gut tun.

Hinweis

Es ist ganz wichtig, darauf hinzuweisen, dass wir uns mit diesen Worten gut tun wollen. Außerdem ist es schön, wenn sich jeder wirklich auch für jeden anderen etwas Positives überlegt, da man selbst ja auch froh ist, wenn einem etwas Liebes gesagt wird.

Die Übung regt außerdem dazu an, sich intensiv mit dem anderen auseinanderzusetzen.

6.2 Masken

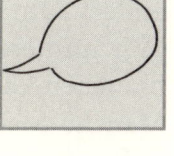

Thema:	*Masken tragen*
	Rollen spielen
	Zachäus
	Ich sein
	Dietrich Bonhoeffer
	Psalm 139,1–3
Alter:	*ab ca. 13 Jahre*
Arbeitsweise:	*Einzel- und Gruppenarbeit*
Dauer:	*Vorgespräch und Bastelarbeit ca. 45 Minuten*
	Durchführung mindestens 45 Minuten
	Plakatgestaltung ca. 30 Minuten
Material:	*Kopiervorlage*
	Tonpapier
	Schere, Klebstoff
	Stifte
	Deko-Material
Vorbereitungen:	*benötigtes Material bereitlegen*

Hinführung

Nicht nur an Fastnacht, Fasching oder Karneval verkleiden sich Kinder und Erwachsene gerne, um einmal das sein zu können, was sie gerne sein wollen. Endlich einmal ganz anders sein als sonst. Und hinter so manchem Kostüm, hinter so mancher Maske geht man dann ganz auf in der neuen Rolle als Pirat, Prinzessin, Cowboy etc. Aber es bleibt eine Verkleidung, ein Schauspiel, denn: Ich bin derjenige, der ich bin. Ich bin so wie ich bin.

Dennoch: Auch im Alltag schlüpfen wir gerne in andere Rollen. Wir tragen Masken. Wir verstecken uns hinter Masken, hinter dem, was die Maske zu sein vorgibt. Wir wollen nicht unser wahres Gesicht, unser wahres Ich zeigen – nicht jedem, nicht jederzeit. Wir spielen Rollen oder werden in Rollen gezwungen. Das passiert in der Schule, in der Familie und später auch im Beruf.

Manche Menschen setzen aber auch Masken auf, um etwas dahinter zu verbergen.

Wir sind nach außen unnahbar, weil wir schon oft verletzt wurden.

Wir sind nach außen hin fröhlich, obwohl uns in unserem Inneren ganz anders zumute ist.

Wir mimen den Starken, obwohl wir durchaus Angst haben und Hilfe brauchen könnten.

Manche Menschen setzen aus Enttäuschung und Verbitterung Masken auf und isolieren sich dadurch immer mehr von ihren Mitmenschen.

Manche Menschen spielen ständig eine andere Rolle, z.B. in Chatrooms. Hinter dieser Maskerade steckt eine Sehnsucht in uns, einmal aus der Rolle zu fallen und eine ganz andere Rolle zu spielen.

Frage: Welche Rolle spiele ich (gerade)? Wer möchte ich gerne (einmal) sein? Was erwarten andere von mir?

Ohne Maske bin ich ganz ich selbst. Ich kann »ich« sagen, bin authentisch und echt.

Doch auch wenn ich keine Maske trage und meine Gefühle nicht dahinter verbergen, eben nicht so gut eine von mir erwartete Rolle spielen kann, kann ich noch anecken. Dann werde ich vielleicht als unhöflich oder gemein, als Weichei oder Memme beschimpft.

Es kann aber auch ganz schön anstrengend sein, immer eine Rolle zu spielen, eine Maske zu tragen. Manche Menschen brechen unter dieser Last zusammen. Sie wollen wieder sie selbst sein/werden – unverwechselbar sie selbst.

Zu wem kann ich wirklich so kommen, wie ich bin? Kann man eigentlich ganz ohne Maske leben? Verändern wir nicht automatisch in bestimmten Situationen unser Ich, passen uns an, spielen eine Rolle, die so vielleicht gar nicht zu uns passt? Verbinden wir nicht auch bestimmte Erwartungen mit bestimmten Aufgaben und Rollen, z.B. »du bist jetzt ein Schulkind! Eben kein Kindergartenkind mehr«, und dahinter steckt jede Menge an Erwartungen?

Wir alle haben Rollen, z.B. als Kind, als Ehepartner, als Lehrer, als Pfarrer, als Freund etc. Wir alle haben eine Rolle und manchmal müssen wir auch zwischen diesen Rollen wechseln. Wir müssen nur aufpassen, dass aus diesen Rollen keine Masken werden, die unser wahres Ich verbergen.

Masken können auch Schutz bieten, da sie nicht gleich alles von einem preisgeben.

Aber eines ist gewiss: Gott schaut dahinter. Er hat dich einmalig gemacht.

6. Gott spüren – das Leben

Durchführung

- Zunächst gestaltet jedes Gruppenmitglied für sich eine Maske mit den bereitgestellten Materialien. Wer möchte ich gerne einmal sein? Welche Rolle möchte ich spielen? Hinter welcher Maske möchte ich heute mein Gesicht verbergen? Für die Bastelarbeit sollte ausreichend Zeit zur Verfügung stehen.
- Auf ein Signal des Gruppenleiters hin ziehen alle ihre Masken auf und bewegen sich still durch den Raum. Dabei betrachten sie die Masken der anderen. Was gibt es alles zu entdecken? Wen gibt es zu entdecken? Eventuell wird dieser »Spaziergang« von ruhiger Musik begleitet.
- Danach setzt sich die Gruppe in den Sitzkreis. Die Masken sind noch aufgesetzt. Nun wird geraten, wer sich hinter der jeweiligen Maske verbirgt. Wenn die erratenen Kinder möchten, können sie erklären, warum sie ihre Maske so gestaltet haben, ihre Maske abnehmen und sie vor sich legen.
- Die Masken können nun noch einmal betrachtet werden. Haben mehrere Gruppenmitglieder die gleiche Maske oder Rolle gewählt? Fällt uns etwas auf? Wie ging es uns mit unseren Masken und jetzt ohne?
- Anschließend spricht die Gruppe darüber, warum wir Masken tragen und Rollen spielen. Eventuell werden die Ergebnisse auf einem Plakat gesammelt. Mit einer Maske kann ich mich anders geben, als ich in Wirklichkeit bin, mich tatsächlich anders fühlen. Ich kann mich hinter einer Maske verstecken, werde nicht gleich erkannt. Eine Maske gibt mir Sicherheit. Sie schützt mich. Mit ihr bin ich nicht so verletzlich. Eine Maske verbirgt meine Angst usw.

Weiterführung

Die Gruppenmitglieder hören die Geschichte »Der Mann mit der Maske« und überlegen, ob ihnen die Geschichte bekannt vorkommt. Wahrscheinlich ist die Verblüffung perfekt, wenn der Gruppenleiter mitteilt: »Diese Geschichte steht so in der Bibel. Der Mann mit der Maske heißt Zachäus.«
Die Gruppe liest die Geschichte in der Bibel (Lukas 19, 1–10) nach. Daran schließt sich ein Gruppengespräch an:
Wer hat Zachäus dazu gebracht, die Maske abzunehmen?
Was hat Zachäus so verändert?

Was hat Zachäus geholfen, seine Maske abzunehmen? Was kann auch uns dabei helfen?

Es ist wichtig, herauszuarbeiten, dass Zachäus seine Maske abnehmen kann, weil Jesus sich ihm in Liebe zuwendet. Er geht hin zu dem Mann, von dem sich alle verachtend abgewandt haben, und sagt: Ich will mit dir zu tun haben. Und vielleicht können wir sogar Freunde werden. Liebe und Zuwendung haben Zachäus verändert. Aus diesem Grund wagt er es, nach vielen Jahren endlich seine Maske abzunehmen. Erst als Jesus sich ihm mit Liebe zuwendet, wird er ein anderer Mensch und vor allem ein anderer Mit-Mensch. Wir selbst kennen diese Erfahrungen aus Freundschaften und Liebesbeziehungen. Dort können wir voreinander so sein, wie wir sind, und müssen uns nicht verstellen. Da setzen wir keine Maske auf. Da spielen wir die Rolle des Liebenden und Geliebten, und diese Rolle hat etwas Wunderbares; das erfährt auch Zachäus. Man spielt sich selbst, so wie man ist. Man braucht keine Maske, weil man für einen anderen Menschen eine Rolle spielt. Weil man für einen anderen Menschen wichtig ist!

Die Gruppenmitglieder gestalten ein großes Plakat mit der Überschrift: »Wir alle tragen Masken.«

Darauf werden die Masken der Gruppenmitglieder geklebt.

Darunter schreiben wir: »Aber wir müssen keine Masken tragen.«

Gottes Liebe verändert uns. Er sagt zu jedem von uns: Ich habe dich lieb, so wie du bist. Ich will bei dir einkehren und wir können Freunde sein. Gott sagt: Für mich bist du wichtig.

Alternative 1

Gott schaut hinter die Maske, hinter die Fassade. Ältere Schüler bearbeiten die Bibelstelle 1 Samuel 16,7: »Der Mensch sieht, was vor Augen ist, Gott aber sieht das Herz an.«

Alternative 2

Die Gruppenmitglieder lesen das Bonhoeffer-Gedicht und tauschen sich darüber aus.

Geschichte: Der Mann mit der Maske

Schon als Kind war er kleiner als andere. Die anderen hänselten ihn deswegen. Seine Mutter tröstete ihn: »Warte nur, wenn du älter bist, wirst du

6. Gott spüren – das Leben

auch größer werden.« Aber das Schicksal schien gnadenlos mit ihm zu sein. Er wuchs nicht in die Länge, sondern mehr und mehr in die Breite. Er wurde immer trauriger. Und er hatte es satt, immer der Kleinste zu sein. Er hatte es satt, immer gehänselt und herumgeschubst zu werden. Er hatte es satt, ausgelacht zu werden und um alles betteln zu müssen.

Irgendwann – er kann nicht einmal mehr genau sagen, wann das war – begann er, sein Leid, seine Enttäuschung durch Härte und Rücksichtslosigkeit zu überspielen. Er setzte eine Maske auf.

Er maskierte sich als hart und rücksichtslos. Natürlich brachte ihm das keine Freunde ein, die hatte er aber vorher wegen seiner Größe und Breite auch nicht gehabt. Die Maske verbarg seine Enttäuschung und seine Traurigkeit, sein Leiden.

Als er nun wieder einmal gehänselt und herumgeschubst wurde, geschah etwas Unerwartetes. Er schlug gnadenlos zu. Heimlich hatte er vor dem Spiegel trainiert. Und nun schlug er zu – hart und rücksichtslos, wenn es auch nur einer wagte, ihn zu hänseln, zu schubsen oder auszulachen. Das war keine schöne Maske. Aber sie brachte ihm Macht. Er entwickelte sich zu einem gefürchteten Schläger. Das sprach sich in dem kleinen Ort, in dem er lebte, schnell herum. Klein aber oho, sagten sie. Aber in dem Satz lag keine Bewunderung, sondern Angst. Alle machten einen großen Bogen um ihn. Aber das schien ihm noch nicht genug zu sein. Er spürte, dass nun nicht mehr er, sondern die andern litten. Das verschaffte ihm eine gewisse Genugtuung. Ja, er wollte nicht nur Macht, sondern Rache. So nahm er sich einfach, was er wollte. Erwischen ließ er sich dabei nie. Und so brachte er es zu bescheidenem Reichtum.

Klein, allein, gefürchtet, reich – so war er.

In seinem Land suchten Besatzer skrupellose Verbündete, Menschen, die nichts dabei fanden, die eigenen Landsleute auszunehmen. Das war genau die richtige Aufgabe für ihn.

Jeder, der in die Stadt hinein oder auch hinaus wollte, musste an seiner Zollstation vorbei. Hier saß er nun und konnte Macht ausüben. Was machte ihm das für einen Spaß! Die Gebühren erhob er je nach Lust und Laune. Zwar musste er einen Großteil an die Besatzer abführen, aber er nahm so hohe Gebühren, dass er dadurch richtig reich wurde. Diejenigen aber, die oft an seiner Station vorbeikamen, wurden darüber richtig arm. Für ihn war die Zollstation eine Goldgrube. Er lachte verschmitzt und sagte: »Es führen eben alle Wege durch Jericho.«

An seiner Station ging es aber auch richtig derb zu. Natürlich schimpften die Leute, die in die Stadt wollten, über die hohen Gebühren. Sie schimpften, wenn sie lange warten mussten. Sie beschimpften auch ihn selbst. Da fielen schon üble Worte. Wegen seiner üblen Geschäfte war er weit und breit bekannt. Aber auch weit und breit verhasst. Wenn es sich vermeiden ließ, wollte niemand etwas mit ihm zu tun haben. Leider ließ es sich nicht immer und für jeden vermeiden.

Aber letztendlich hatte er die Macht. Er lachte über die Beschimpfungen. Er lachte über den Ärger und Groll seiner Mitmenschen. Und abends ging er in sein schönes Haus und schlug sich den Bauch mit den leckersten Speisen voll.

Klein, allein, gefürchtet, reich – so war er.

Und er trug eine Maske aus Hass und Macht. Eine Maske, die nicht verriet, wie es wirklich in ihm aussah. Eine Maske, die nicht zeigte, dass ihn die Einsamkeit beinahe erdrückte. Eine Maske, die verbarg, dass er sich nach Freunden und auch nach einem ganz anderen Leben sehnte. Seit er mit den Römern gemeinsame Sache machte und diese Zollstation gepachtet hatte, war er noch unzufriedener geworden. Aber das wusste nur er selbst. Den anderen, die bei ihm täglich vorbeikamen, zeigte er seine Maske aus Hass und Macht und sein Herz aus Stein.

Und dann kam eines Tages einer vorbei und sagte einfach zu ihm: »Heute möchte ich unbedingt dein Gast sein. Ich möchte mit dir in deinem Haus zu Mittag essen. Ich möchte dich näher kennen lernen und vielleicht können wir Freunde werden.« Er traute seinen Augen und Ohren nicht. Machte dieser Mann da einen Scherz mit ihm? Es war mucksmäuschenstill. Und er merkte, wie ihm unter seiner Maske siedend heiß wurde. Alle umstehenden hielten den Atem an. Was würde passieren? Zu ihm wollte doch schon seit Jahren keiner mehr kommen. Niemand wollte freiwillig etwas mit ihm zu tun haben. Ein Wirbelsturm an Gefühlen machte sich in ihm breit. Da tauchten Gefühle auf, die er schon lange nicht mehr gehabt hatte. Und laut rief er: »Komm herein!«, und er rannte vor zu seinem prächtigen Haus, um alles vorzubereiten. Er war ein wirklich guter Gastgeber. Und aus dem Haus hörte man fröhliches Lachen und Reden wie schon lange nicht mehr. Was für ein Tag für ihn! Seit langem hatte er wieder mal einen Gast. Einen,

6. Gott spüren – das Leben

der keinen Bogen um ihn machte. Einen, den seine Maske nicht abgeschreckt hatte. Dieser Mann war einfach auf ihn zugegangen und wollte bei ihm sein. Nach einigen Stunden kamen die beiden Männer aus dem Haus. Viele Menschen hatten neugierig vor dem Haus gewartet. Der Kleine sah irgendwie verändert aus, sein Gesicht wirkte so anders. Ja, er lächelte sogar ein wenig. Das hatte man bei ihm noch nie gesehen. Waren da nicht auch ein paar kleine Tränen in seinen Augenwinkeln? Was war da bloß los?

Plötzlich rief er ganz laut: »Hört mir zu, Leute. Ich war ein Schwein. Ich war übel und gemein. Ich habe euch betrogen und ausgenommen. Aber von heute an will ich anders werden. Ich gebe euch doppelt und dreifach zurück, was ich euch abgenommen habe. Lasst uns wieder in Frieden leben. Ich will alles dafür tun, dass das wahr werden kann.«

(nach einer Idee von Christian Weyer)

Gedicht: Dietrich Bonhoeffer: Wer bin ich?

Wer bin ich? Sie sagen mir oft,
ich träte aus meiner Zelle
gelassen und heiter und fest
wie ein Gutsherr aus seinem Schloss.

Wer bin ich? Sie sagen mir oft,
ich spräche mit meinen Bewachern
frei und freundlich und klar,
als hätte ich zu gebieten.

Wer bin ich? Sie sagen mir auch,
ich trüge die Tage des Unglücks
gleichmütig, lächelnd und stolz,
wie einer, der Siegen gewohnt ist.

Bin ich das wirklich, was andere von mir sagen?
Oder bin ich nur das, was ich selbst von mir weiß?
Unruhig, sehnsüchtig, krank, wie ein Vogel im Käfig,
ringend nach Lebensatem, als würgte mir einer die Kehle,
hungernd nach Farben, nach Blumen, nach Vogelstimmen,
dürstend nach guten Worten, nach menschlicher Nähe,
zitternd vor Zorn über Willkür und kleinlichste Kränkung,

umgetrieben vom Warten auf große Dinge,
ohnmächtig bangend um Freunde in endloser Ferne,
müde und leer zum Beten, zum Denken, zum Schaffen,
matt und bereit, von allem Abschied zu nehmen?

Wer bin ich? Der oder jener?
Bin ich denn heute dieser und morgen ein andrer?
Bin ich beides zugleich? Vor Menschen ein Heuchler und vor mir selbst
ein verächtlich wehleidiger Schwächling?
Oder gleicht, was in mir noch ist, dem geschlagenen Heer,
das in Unordnung weicht vor schon gewonnenem Sieg?

Wer bin ich? Einsames Fragen treibt mit mir Spott.
Wer ich auch bin, Du kennst mich, Dein bin ich, o Gott!

Aus: Dietrich Bonhoeffer, Widerstand und Ergebung
© by Gütersloher Verlagshaus, Gütersloh,
in der Verlagsgruppe Random House GmbH, München.

6. Gott spüren – das Leben

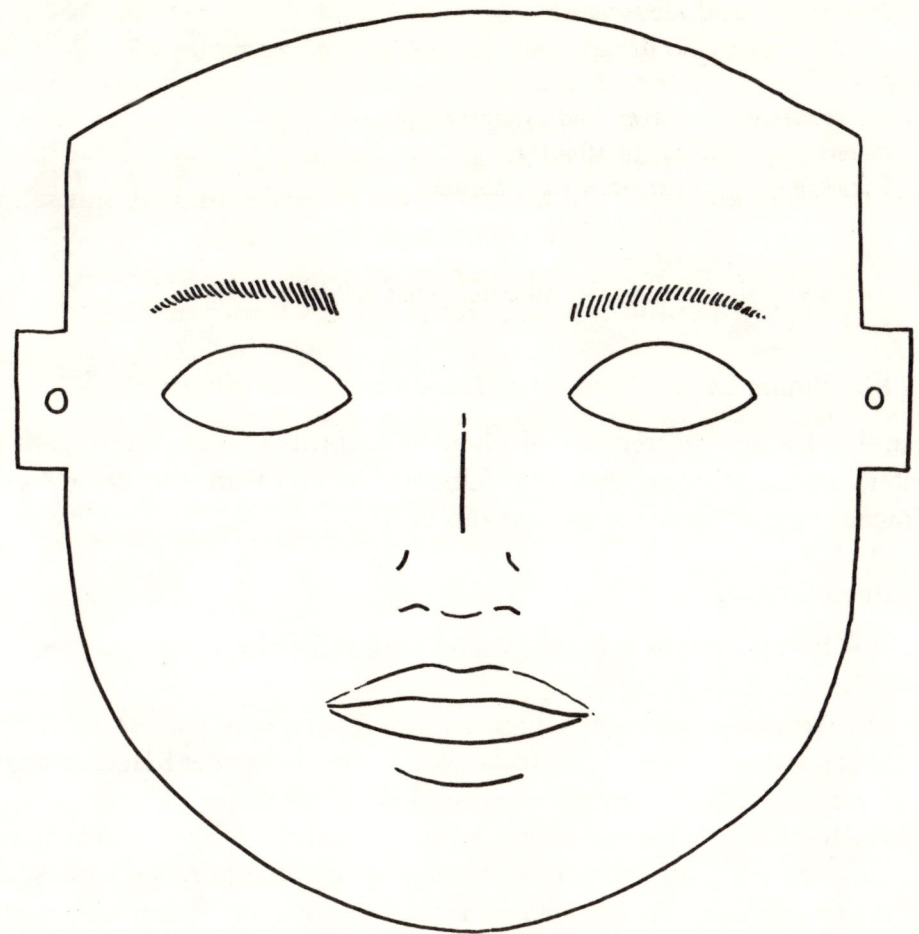

Psalm 139, 1–3:

Ein Psalm Davids, vorzusingen.
1 Herr, du erforschest mich und kennest mich.
2 Ich sitze oder stehe auf, so weißest du es: du verstehest meine Gedanken von ferne.
3 Ich gehe oder liege, so bist du um mich und siehest alle meine Wege.

6.3　Klagemauer

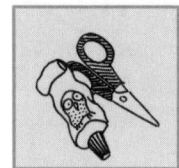

Thema:	*Klagemauer*
	Leid
Alter:	*ab ca. 8 Jahre*
Arbeitsweise:	*Einzel- und Gruppenarbeit*
Dauer:	*ca. 30 Minuten*
Material:	*Backsteine mit Löchern*
	Zettel
	Stifte
Vorbereitungen:	*benötigtes Material bereitstellen*

Hinführung

Jesus hat für uns gelitten. Im Glaubensbekenntnis sprechen wir: »gelitten unter Pontius Pilatus«. Auch bei uns gibt es viel Leid – in der näheren Umgebung ebenso wie in der ganzen Welt.

Durchführung

- Aus Backsteinen mit Löchern wird eine Mauer im Gruppenraum aufgebaut.
- Die Gruppenmitglieder schreiben ihre Klagen oder Gebete auf Zettel, rollen sie zusammen und stecken sie in die Löcher der Klagemauer. So können wir Gott symbolisch unser Leid klagen.
- Nach einer gewissen Zeit der Klage sollten die Klagen in Form von Gebeten vor Gott gebracht werden. Ein Gruppenmitglied verliest dazu eine Klage. Die übrigen formulieren dazu im freien Gebet eine Bitte um Hilfe gegen das Leid, um Trost, Kraft usw. Anschließend wird für jede vor Gott gebrachte Klage als Hoffnungszeichen ein Teelicht angezündet und auf die Mauer gestellt.
- Es sollte jedem Gruppenmitglied freigestellt werden, ob die Klage anonym vorgelesen werden kann oder ob sie nicht vorgetragen werden soll. Wer nicht möchte, dass seine Klage laut vor Gott gebracht wird, klebt seine Papierrolle vorher mit Tesafilm zusammen. Diese Klage wird dann still vor Gott gebracht. Auch für sie wird ein Teelicht entzündet.
- Am besten wird abschließend ein Gebet gesprochen, welches auch alle unausgesprochenen Klagen einschließt.

6.4 Kerzenwunsch

Thema:	*Kerzen*
	Licht
	Stilleübung
Alter:	*ab ca. 9 Jahre*
Arbeitsweise:	*Einzel- oder Gruppenarbeit*
Dauer:	*ca. 30 Minuten*
Material:	*eine dicke Stumpenkerze*
	Streichhölzer
Vorbereitungen:	*benötigtes Material bereitstellen*

Durchführung

- Eine dicke Kerze steht in der Mitte des Stuhlkreises. Die Teilnehmer betrachten die Flamme still. Je ruhiger die Gruppe wird, desto ruhiger wird auch die Flamme der Kerze; sie hört auf zu flackern.
- In der Stille überlegt jeder für sich, was ihm die bevorstehende Woche (das neue Jahr, der neue Lebensabschnitt, die Gruppenstunde) bringen wird.
- Die Teilnehmer stehen leise auf und überlegen, was sie jemandem aus der Gruppe für die bevorstehende Zeit wünschen können.
- Ein Teilnehmer beginnt damit, die Kerze aus der Mitte zu nehmen. Er überbringt die Kerze, verbunden mit dem Wunsch, einem anderen Teilnehmer.
- Dieser gibt dann seinerseits die Kerze und einen Wunsch weiter.

Alternative 1

Statt mit Worten können wir die anderen auch mit einem Lächeln oder einer netten Geste grüßen.

Alternative 2

Die dicke Stumpenkerze wird angezündet. Ein Teilnehmer hält beide Hände schalenförmig um die Flamme herum. Wenn sich die Hände erwärmt haben, legt er sie auf die geöffneten Hände seines Nachbarn; dieser versucht ebenfalls, die Wärme weiterzugeben. Dann wärmt sich ein anderer Teilnehmer die Hände an der Kerzenflamme.

Alternative 3

Die Teilnehmer sitzen im Stuhlkreis und schließen die Augen. Der Gruppenleiter zündet die Kerze an und geht nun leise mit der Kerze im Kreis umher. Dabei bleibt er jeweils kurze Zeit vor einem Teilnehmer stehen und hält ihm die Kerze auf Höhe des Gesichts. Bei dieser Übung hat man das Gefühl, das Licht mit geschlossenen Augen sehen zu können. Wer »erleuchtet« wurde, darf die Augen öffnen, wenn der Leiter beim nächsten Teilnehmer steht.

Geburtstagsalternative

Jeder Teilnehmer erhält ein Teelicht. Dieses Licht entzündet er an der großen Kerze, die in der Mitte steht. Dann geht er mit dem kleinen Licht zum Geburtstagskind und stellt das Teelicht vor ihm ab, während er seinen Geburtstagswunsch sagt. Die anderen Teilnehmer verfahren ebenso. Das auf diese Weise entstandene Lichtermeer ist Ausdruck der vielen guten Wünsche der Gruppe für das Geburtstagskind.

6. Gott spüren – das Leben

6.5 Heimlicher Wunschzettel

Thema:	*Wünsche*
	Weihnachten
Alter:	*ab ca. 5 Jahre*
Arbeitsweise:	*Einzel- und Gruppenarbeit*
Dauer:	*ca. 40 Minuten*
Material:	*Papier*
	Stifte
	Briefumschläge
Vorbereitungen:	*benötigtes Material bereitstellen*

Hinführung

In der Adventszeit schreiben vor allem jüngere Kinder fleißig ihre Wunschzettel. Manche legen sie aufs Fensterbrett, damit das »Engelchen« sie in der Nacht holen kann. Unter dem Weihnachtsbaum liegen dann die so lang ersehnten Päckchen; vielleicht muss aber der eine oder andere Wunsch auch noch bis zum nächsten Jahr warten.

Werden die Kinder älter, erkennen sie bald, dass die wirklichen Erfüller der Wünsche auf dem Wunschzettel nicht irgendwelche Engelchen sind, sondern die eigenen Eltern.

Neben den materiellen Wünschen, welche die Kinder auf solche Wunschzettel schreiben, gibt es aber noch jede Menge ideelle, heimliche Wünsche und Sehnsüchte der Kinder. Wo bleiben diese?

Mit Sicherheit fällt es bei diesen Wünschen viel schwerer, Bescherung zu spielen, da sie Überwindung oder Zeit kosten.

Heimliche Wünsche können z. B. sein:

Stell doch nicht immer so große Erwartungen an mich!

Sei doch bitte mal mit mir zufrieden!

Hör mir doch mal richtig zu!

Nimm mich bitte öfter in den Arm!

Durchführung

- Einem allgemeinen Gespräch über Wunschzettel schließt sich ein Austausch über einen »heimlichen Wunschzettel« an. Was könnte damit gemeint sein?

- Gibt es bei uns solche heimlichen Wünsche – Dinge, die man nicht kaufen kann?
- Die Gruppenmitglieder schreiben ihre heimlichen Wünsche auf und stecken sie in einen Umschlag. (Vorher muss gut überlegt werden, was mit diesen heimlichen Wünschen geschehen soll.)

6.6   Grabstein

Thema:	*Tod*
	Beerdigung
Alter:	*ab ca. 9 Jahre*
Arbeitsweise:	*Einzel- und Gruppenarbeit*
Dauer:	*ca. 40 Minuten*
Material:	*festes Papier*
	Farben
	Klebstoff
	Stifte
Vorbereitungen:	*benötigtes Material bereitstellen*
	Vorlage in ausreichender Zahl kopieren

Hinführung

Lange Zeit war der Tod ein Tabuthema, gerade im Hinblick auf Kinder. Diese Übung ist eine Chance, sich aktiv mit Trauer und Trauerarbeit auseinanderzusetzen. Die Frage nach dem Tod gehört nun mal zu unserem Leben.

In diesem Zusammenhang bietet sich auch ein intensives Nachdenken über die Symbolhaftigkeit von Steinen und deren Bedeutung an.

Durchführung

*   Die Gruppe besucht gemeinsam einen Friedhof. Was erzählen die Grabsteine dort? (Siehe Arbeitsblatt.) Es bietet sich auch ein Gespräch mit einem Beerdigungsunternehmer oder einem Pfarrer an.
*   Die Gruppenmitglieder malen Symbole ab, die sie auf den Grabsteinen finden. Zurück im Gruppenraum wird deren Bedeutung geklärt.
*   Die Mitglieder basteln und entwerfen selber Grabsteine: für einen toten oder noch lebenden Menschen – oder für sich selbst. Dabei lassen sie sich von folgenden Fragen leiten: Was verbindet mich mit dem Toten? Was soll mein Stein erzählen?

Friedhofsbesuch

Ein Friedhof ist ein Ort der Ruhe. Man spricht auch davon, dass ein Toter »zur letzten Ruhe« gebracht wird. Verhalte Dich also bitte angemessen und ruhig, damit andere Friedhofsbesucher sich nicht gestört fühlen.

1. Wie wirkt der Friedhof auf Dich? Beschreibe es mit wenigen Worten!

2. Wandere langsam durch die Reihen und male Symbole/Zeichen ab, die Du auf den Grabsteinen findest! Kennst Du ihre Bedeutung?

3. Auf manchen Grabsteinen findest Du Inschriften. Schreibe drei auf, die Dir besonders auffallen oder gefallen.

4. Suche das älteste Grab, das Du finden kannst und male den Grabstein samt Inschrift ab.

5. Suche das Grab des ältesten Begrabenen. Wer wurde sehr jung beerdigt? Wie wirken die beiden Gräber (Fragen 4 und 5) auf Dich?

Symbole auf Grabsteinen

Taube:	Unschuld, Liebe und Freiheit.
X und P:	Die Buchstaben aus dem griechischen Alphabet sind das Zeichen für Christus.
Betende Hände:	Glaube und Treue.
Zweig:	Er steht dafür, dass jemand jetzt in einem guten Leben ist.
Rose:	Liebe.
Efeu:	Efeu ist ein Zeichen für ewiges Leben, da Efeu immergrün ist.
Palmzweig:	Der Palmzweig verweist auf den Einzug Jesu in Jerusalem und damit auf die Wiederkunft Christi am Ende der Zeit.
Lamm:	Zeichen für Jesus Christus, das Lamm Gottes.
Kranz:	Der Kranz ist ohne Anfang und Ende. Er symbolisiert den Sieg über den Tod. Außerdem ist der Kreis ein altes Zeichen für Gott.

A und Ω:	Alpha und Omega sind der erste und letzte Buchstabe des griechischen Alphabets. Sie symbolisieren den Anfang und das Ende eines Lebens.
Ähre:	Die Ähre ist ein Zeichen für ein fruchtbares, erfülltes Leben.
Buch:	Das Buch oder die Bibel bedeutet, der Verstorbene ist bei Gott unvergessen, ist eingeschrieben wie in einem »Gästebuch«.

6.7   Gebetsfächer

Thema: *Beten*
                 Vaterunser
Alter: *ab ca. 7 Jahre*
Arbeitsweise: *Einzel- und Gruppenarbeit*
Dauer: *ca. 40 Minuten*
Material: *Kopiervorlage*
                 Beutelklammern
Vorbereitungen: *benötigtes Material bereitstellen*

Hinführung

Ein Gebetsfächer bietet denjenigen Hilfe, die Schwierigkeiten haben, Gebete frei zu formulieren. Zugleich stellt er eine Sammlung von Gebeten dar, auf die jederzeit zurückgegriffen werden kann. Außerdem kann man den Gebetsfächer leicht um Gebete ergänzen bzw. können Gebete ausgetauscht werden.

Durchführung

- Die ausgewählten Gebete werden auf die ausgeschnittene Kopiervorlage übertragen. Die einzelnen Blätter werden übereinandergelegt und mit einer Beutelklammer zusammengehalten.
- Zum Beten wird der Fächer einfach entfaltet und ein Gebet ausgesucht.

Alternative 1

Die einzelnen Verse des Vaterunsers werden eigenhändig auf die Kopiervorlagen übertragen (oder es wird die Kopiervorlage verwendet) und dann in der richtigen Reihenfolge aufeinandergelegt. Dieser Gebetsfächer eignet sich auch gut zum Lernen des Vaterunsers, da Zeile für Zeile hinzukommt.

Alternative 2

Die Teilnehmer übertragen die Texte der Würfelgebete aus 6.11 auf die Kopiervorlage und gestalten ihren persönlichen Gebetsfächer.

Hinweis

Die Gebetsfächer können auch thematisch gestaltet werden. So kann es z. B. einen Fächer nur mit Tisch- oder Abendgebeten geben.
Siehe auch unter 6.12.

Kopiervorlagen

Vaterunser- und Blanko-Fächer

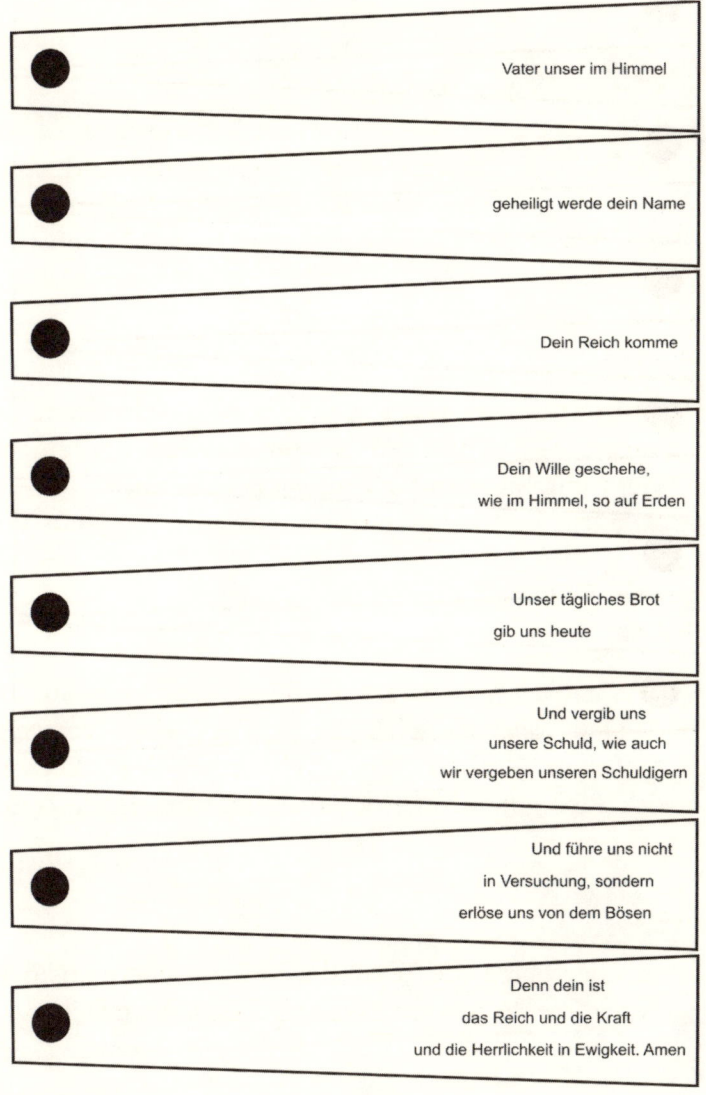

6. Gott spüren – das Leben

6.8 Rezept für einen guten Freund

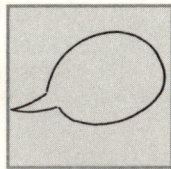

Thema:	*Freundschaft*
	Bibelstellen finden
Alter:	*ab ca. 8 Jahre*
Arbeitsweise:	*Einzel- oder Gruppenarbeit*
Dauer:	*ca. 40 Minuten*
Material:	*Farbstifte*
	Kopiervorlagen
Vorbereitungen:	*benötigtes Material bereitstellen*

Hinführung

Was macht einen guten Freund aus? Wie soll er sein, was soll er tun? Was ist mir in einer Freundschaft wichtig? Diese Antworten können ganz unterschiedlich ausfallen. Durch die folgende Methode soll sich jeder einmal dessen bewusst werden, was Freundschaft wirklich auszeichnet. Dabei muss ausgewählt werden, da das Rezept nicht aus allen Zutaten bestehen kann. Ganz nebenbei wird noch das Nachschlagen verschiedener Bibelstellen geübt.

Durchführung

- Die Gruppenmitglieder lesen die angegebenen Bibelstellen, lesen aus den Texten Eigenschaften für einen Freund/eine Freundin heraus oder leiten aus ihnen Eigenschaften ab.
- In Gruppen oder alleine wird nun ein Rezept für »Freundschaft« geschrieben.
- Die Rezepte werden in der Gruppe vorgestellt und besprochen.

Hinweis

Je nach Bibelübersetzung können die einzelnen Formulierungen voneinander abweichen.

Rezept für eine gute Freundin oder einen guten Freund

Zutaten:

500 g

2 Teelöffel

3 Esslöffel

1 Päckchen

etwas

1 Prise

200 ml

Zubereitung:

Tipp:

6. Gott spüren – das Leben

Bibelstellen für ein Freundschaftsrezept

1 Samuel 23,16

Jesus Sirach 29,3

Daniel 9,22

5 Mose (Deuteronomium) 9,5

Jesaja 59,14

1 Samuel 16,7

5 Mose (Deuteronomium) 13,7

1 Mose (Genesis) 47,29

Lukas 4,6

1 Mose (Genesis) 49,3

1 Samuel 22,23

2 Mose (Exodus)15,2

Richter 16,25

Kolosser 2,2

Galater 5,22

Ester 1,11

Hiob (Ijob) 6,10

Auflösung

1 Samuel 23,16: Vertrauen

Jesus Sirach 29,3: Ehrlichkeit, Treue

Daniel 9,22: Einsicht, Verständnis

5 Mose (Deuteronomium) 9,5: Aufrichtigkeit

Jesaja 59,14: Aufrichtigkeit

1 Samuel 16,7: Aussehen

5 Mose (Deuteronomium) 13,7: Liebe

1 Mose (Genesis) 47,29: Liebe und Treue

Lukas 4,6: Macht

1 Mose (Genesis) 49,3: Kraft

1 Samuel 22,23: Sicherheit

2 Mose (Exodus) 15,2: Stärke

Richter 16,25: Spaß

Kolosser 2,2: Reichtum, Verständnis

Galater 5,22: Güte

Ester 1,11: Schönheit

Hiob (Ijob) 6,10: Trost

6. Gott spüren – das Leben

6.9   Stationenbeten

Thema:	*Gebet*
	Fürbitte
Alter:	*ab ca. 8 Jahre*
Arbeitsweise:	*Einzel- und Gruppenarbeit*
Dauer:	*40 Minuten*
Material:	*Papier*
	Stifte
	Plakate
	Kerze
	Streichhölzer
Vorbereitungen:	*benötigtes Material bereitstellen*

Hinführung

Durch die vorgestellte Methode entstehen frei formulierte Gebete, die sich am Adressatenkreis und der jeweiligen Gruppensituation orientieren. Dadurch werden die Gebetsanliegen persönlicher.

Durchführung

- In der Gruppe wird überlegt, für welche Personen oder Gruppen man beten möchte. Mindestens vier davon werden ausgewählt, auf je ein Plakat geschrieben und jeweils in Abständen zueinander im Raum aufgehängt. Sollen Gebete für mehr als vier Personen bzw. Gruppen gefunden werden, müssen weitere Stationen im Raum bestimmt werden.
- Die Teilnehmer überlegen, worum sie für die jeweilige Person oder Gruppe beten möchten, und schreiben ihr Gebet auf große Plakate, die an der jeweiligen Station ausliegen oder hängen.
- Anschließend unternimmt jeder Teilnehmer einen Spaziergang an die einzelnen Stationen, um alle Gebete in Ruhe zu lesen.
- Die Großgruppe teilt sich in vier Kleingruppen auf, die sich jeweils einer Station zuordnen. Dort wird eine Kerze angezündet, und die Gruppe spricht gemeinsam die Gebete, die auf die Plakate geschrieben wurden.

Alternative 1

Statt an den einzelnen Stationen den Personenkreis zu benennen, für den gebetet wird, können die Stationen auch thematisch gestaltet werden. Als Gebetsthemen bieten sich z.B. Schule, Familie, Freundschaft, Arbeit, Umwelt, Politik, Kirche, Ehe, Frieden usw. an. Die Teilnehmer schreiben ihre Gebete zu diesem Thema auf die entsprechenden Plakate.

Alternative 2

Den Stationen werden Gebetsformen zugeordnet. Dazu tragen die Teilnehmer ihre Gebete zusammen. Hierbei kann es sich z.B. um Bittgebete, Dankgebete, Lobpreis, Fürbitten oder Klagen handeln.

6.10 Betende Steine

Thema:	*Beten*
Alter:	*ab ca. 11 Jahre*
Arbeitsweise:	*Einzel- und Gruppenarbeit*
Dauer:	*ca. 40 Minuten*
Material:	*Korb mit Steinen*
Vorbereitung:	*benötigte Materialien bereitstellen*

Hinführung

Diese Methode ist dazu gedacht, das Formulieren freier Gebete zu unterstützen und die Anliegen, die vor Gott gebracht werden, sichtbar zu machen. Was mir im wahrsten Sinne des Wortes auf dem Herzen liegt – und das kann manchmal ein dicker, großer Stein sein –, kann ich bei Gott abladen. Ihm kann ich alles erzählen.

Durchführung

- Jedes Gruppenmitglied überlegt sich, was es Gott erzählen, worum es bitten oder wofür es danken möchte, was ihm auf dem Herzen liegt. Niemand soll zu einer Äußerung gedrängt werden.
- Nachdem ein Gebetsanliegen formuliert wurde, legt das Gruppenmitglied in der Kreismitte einen Stein ab. Auch wer sein Gebet nur still für sich sprechen möchte, legt einen Stein ab.

Alternative 1

Jeder überlegt sich sein Gebetsanliegen und schreibt einen Kernbegriff daraus mit einem geeigneten Stift auf einen Kieselstein. Anschließend wird genauso verfahren wie oben beschrieben.

Alternative 2

Der Gruppenleiter formuliert kurze Gebetstexte zum Nachsprechen. Er spricht eine Gebetszeile vor, die Gruppe wiederholt diese. Nach jeder Zeile wird ebenfalls ein Stein abgelegt.

Lieber Gott, manchmal liegt mir etwas auf dem Herzen.
Lieber Gott, manchmal liegt mir etwas auf dem Herzen. (Stein)
Ich weiß, zu dir kann ich kommen.
Ich weiß, zu dir kann ich kommen. (Stein)
Du verstehst meine Ängste und Sorgen.
Du verstehst meine Ängste und Sorgen. (Stein)
Du kennst meine Zweifel und Fragen.
Du kennst meine Zweifel und Fragen. (Stein)
Du bist bei mir, auch wenn ich mich alleine fühle.
Du bist bei mir, auch wenn ich mich alleine fühle. (Stein)
Du trägst mich, wenn ich am Boden bin.
Du trägst mich, wenn ich am Boden bin. (Stein)
Du fängst mich auf.
Du fängst mich auf. (Stein)
Du begleitest meine Wege.
Du begleitest meine Wege. (Stein)
Und du schenkst mir Hoffnung.
Und du schenkst mir Hoffnung. (Stein)
Amen.
Amen.

6.11 Würfelgebete

Thema:	*Beten*
Alter:	*ab ca. 10 Jahre*
Arbeitsweise:	*Einzel- oder Gruppenarbeit*
Dauer:	*ca. 30 Minuten*
Material:	*Kopiervorlagen*
	Würfel
	Papier
	Stifte
	bei Gebetsrollen zusätzlich: Schere, Büroklammern
Vorbereitungen:	*je nach gewählter Idee Material und Kopiervorlagen bereitlegen*

Hinführung

Durch die vorgestellte Methode entstehen individuelle Gebete. Wer die Gebete nicht »dem Zufall überlassen« möchte, wählt einfach die Gebetszeilen aus, die ihm zusagen, statt zu würfeln.

Durchführung

- Jedes Gruppenmitglied erhält ein Blatt mit Gebetszeilen, denen jeweils ein Würfelbild zugeordnet ist.
- Nun wird gewürfelt. Der Teilnehmer darf sich aus den Zeilen zu dem entsprechenden Würfelbild einen Text aussuchen, der für ihn am besten passt.
- Diese Zeile wird aufgeschrieben.
- Wenn keine andere Vorgabe gemacht wird, kann beliebig oft gewürfelt werden.
- So erhält jedes Mitglied ein anderes Gebet, welches den übrigen Mitgliedern im Anschluss vorgetragen wird.

Alternative 1

Jedes Gruppenmitglied sucht sich zu jedem Würfelbild von 1–6 eine Zeile aus und schreibt diese auf. Hierbei entfällt das Würfeln.

Alternative 2

Der Gruppenleiter gestaltet aus den Textvorlagen Gebetsröllchen. Dafür wird jede Gebetszeile ausgeschnitten, zusammengerollt und mit einer Büroklammer zusammengesteckt. Die Röllchen werden in einem Korb gesammelt. Nacheinander zieht jedes Gruppenmitglied ein Röllchen, macht es auf und trägt seine Gebetszeile vor.

Geschieht dies in mehreren Kleingruppen, kann jede ihre Gebetszeilen auf ein Blatt kleben, so dass ein individuelles (wenn auch zufälliges) Gebet entsteht.

Wenn die Gebetsrollen wieder aufgerollt werden, können sie häufiger verwendet werden. Situativ entstehen neue Gebete.

Weiterführung

Jedes Gruppenmitglied gestaltet sich einen Gebetswürfel, indem es aus jedem Würfelbild ein Gebet auswählt.

Hinweis

Alle Gebete der Gruppenmitglieder sollten nacheinander in den folgenden Stunden von allen gemeinsam gebetet werden, so dass kein Gebet verloren geht.

Würfelbild 1

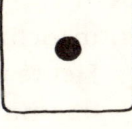

Herr,
- ich würde so gerne beten, aber ich kann es nicht allein. Hilf du mir dabei.
- viel zu oft kritisiere ich jemanden, statt ihn zu loben. Dabei freue ich mich selbst auch mehr über ein Lob als über Kritik. Hilf mir dabei, diese Woche ganz bewusst Menschen zu loben. Hilf mir, sparsam mit Kritik zu sein.
- schnell geht mir das Urteil über einen anderen Menschen über die Lippen. Lass mich bedachter mit meinen Urteilen umgehen. Lass mich genauer hinschauen, was sich hinter einem Menschen verbirgt. Lass mich langsamer urteilen, ohne zu verurteilen.
- manchmal kann ich sehr aufbrausend sein. Mein Temperament geht dann mit mir durch. Aber ich weiß, dass das keine Entschuldigung ist. Ich bitte dich um mehr Gelassenheit.
- ganz schnell hat man das falsche Wort gesagt. Kaum ist es ausgesprochen, tut es mir auch schon leid. Hilf mir, überlegter mit meinen Worten umzugehen. Ich möchte niemanden verletzen.

Würfelbild 2

Gott,
- ich bitte dich um Kraft für diesen Tag. Heute steht mir etwas Neues, Spannendes, Aufregendes bevor. Sei Du bei mir.
- heute ist bei mir einiges schief gelaufen. Hilf mir, dass ich daran nicht verzweifle, sondern nach vorne schaue und auf dich baue!
- ich habe mich verliebt. Aber mir fehlt noch der Mut, das dem anderen zu sagen. Zeige mir den richtigen Augenblick.
- ich danke dir für meine Freunde. Immer wieder wird mir deutlich, wie wichtig es ist, Menschen zu haben, mit denen man Spaß haben und denen man vertrauen kann.
- Manchmal hetze ich durch das Leben und meine auf jeder Party tanzen zu müssen, weil sonst das Leben an mir vorbeizieht. Nimm mir die Angst, etwas zu versäumen. Gib mir Muße, um die Dinge des Lebens wirklich zu genießen.

Würfelbild 3

Herr,

- manchmal vergesse ich, dass du immer bei mir bist. Heute möchte ich dir dafür Danke sagen: Danke, dass du immer für mich da bist.
- du kennst mich am besten von allen. Mein Leben liegt vor dir wie ein offenes Buch. Danke, dass du mich durch mein Leben begleitest.
- danke, dass du mich durch die vergangene schwere Zeit getragen hast.
- ich bin noch auf der Suche nach dem Sinn und Ziel des Lebens. Aber ich bin mir sicher, dass ich meinen Weg finden werde, weil du mich führst.
- danke, dass du bei den alten und kranken, verzweifelten und traurigen Menschen bist. Danke für deinen Trost und Schutz.

Würfelbild 4

Herr,

- zu dir kann ich mit all meinen Sorgen und Nöten kommen. Denn ich weiß, du verstehst mich. Das tut so gut.
- lass überall auf der Welt Frieden herrschen und fang in meinem Umfeld damit an. Schenke der Welt Frieden in den Herzen der Menschen.
- öffne den Menschen die Herzen und Augen für deine frohe Botschaft, damit sie bereit sind, dein Wort zu hören und zu deiner lebendigen Gemeinde zu gehören.
- es gibt so viel Streit auf der Welt. Meist sind Missverständnisse die Ursache dafür. Doch die Menschen schweigen einander an, statt sich zu versöhnen und auszusprechen. Hilf ihnen, den ersten Schritt zu tun.
- du weißt um meine kleinen und großen Fehler. Hilf mir, diese zu erkennen und aus ihnen zu lernen, damit ich sie in Zukunft vermeiden kann.

6. Gott spüren – das Leben

Würfelbild 5

- Hilf mir beten und meine Gedanken zu sammeln; ich kann es nicht allein.
- Es ist nicht immer leicht, Hilfe zu leisten oder auch anzunehmen.
- Ich bin einsam, aber du verlässt mich nicht.
- Ich habe Angst. Angst vor dem morgigen Tag, Angst vor der Begegnung mit anderen Menschen. Doch du sagst: Fürchte dich nicht, ich bin bei dir.
- Ich bitte dich: Beschütze alle, die diesen Tag mit großer Sorge, Angst oder Kummer verbringen.

Würfelbild 6

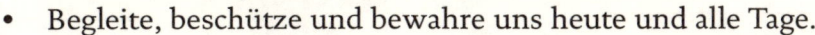

- Schenke mir die Kraft, den anderen so zu begegnen, wie du es uns gelehrt hast – in Liebe und Geduld.
- Begleite, beschütze und bewahre uns heute und alle Tage.
- Manchmal komme ich mir so überflüssig, so klein und nutzlos vor. Hilf mir zu erkennen, dass ich gebraucht werde; hilf mir, meinen rechten Platz zu finden.
- Ich bitte dich um deine Begleitung für alle, die traurig sind.
- Lass uns erkennen, dass wir an vielen Streitigkeiten eine Mitschuld tragen. Schenke uns Geduld im Umgang mit unseren Mitmenschen. Lass uns gewaltlos handeln.

Kopiervorlage Gebetsröllchen

Ich danke für . . .
Ich wünsche mir . . .
Ich freue mich . . .
Es macht mich nachdenklich . . .
Manchmal bin ich traurig, wenn . . .
Ich hoffe, dass . . .
Ich denke darüber nach . . .
Es ärgert mich . . .
Ich bete . . .

6. Gott spüren – das Leben

6.12 Wortcollage

Thema:	*beliebig*
Alter:	*ab ca. 5 Jahre*
Arbeitsweise:	*Einzel- oder Gruppenarbeit*
Dauer:	*ca. 30 Minuten*
Material:	*Farbstifte*
	Plakate
Vorbereitungen:	*benötigtes Material bereitstellen*

Hinführung

Diese Methode eignet sich vor allem als Einstieg in ein (neues) Thema. Adjektive, Substantive und Verben werden gesammelt und geben bereits eine gewisse inhaltliche Fülle und Prägung vor. Stimmungen und Gefühle sowie Schwerpunkte und Fragen können so eingefangen und aufbereitet werden.

Durchführung

- Der Gruppenleiter gibt ein Thema vor oder spricht mit der Gruppe ein Thema ab.
- Auf einer Tischreihe legt er mit ausreichendem Abstand drei Plakate aus. Auf das erste werden alle Adjektive geschrieben, die der Gruppe zum Thema einfallen, auf die anderen beiden jeweils alle Verben und alle Substantive.
- Die Teilnehmer wandern von Plakat zu Plakat und schreiben je ein Wort auf.
- Danach wandern sie nochmals an den Plakaten vorbei und lesen, was die anderen bereits geschrieben haben. Dadurch angeregt fällt einem selbst vielleicht noch ein weiterer Begriff ein, der dann ergänzt werden kann.
- Bei größeren Gruppen sollten mehrere Plakate ausgelegt werden, damit es beim Schreiben nicht zu langen Wartezeiten kommt.
  Anschließend kann auf unterschiedliche Weise verfahren werden:
- Die gefundenen Wörter werden vorgelesen.
- Die Gruppenmitglieder bilden Sätze, indem sie jeweils einen Begriff von jedem Plakat verwenden.

- Die Großgruppe teilt sich in drei Gruppen auf. Jede bereitet einen kurzen Vortrag zum Thema vor, in dem die Begriffe des Plakats vorkommen. Die Schwerpunkte sind dadurch vorgegeben, dass es bei einer Gruppe eher um Gefühle geht, bei der anderen um Handlungen und bei der dritten um konkrete Sachen.
- Was bedeuten diese unterschiedlichen Perspektiven auf das Thema?

6.13 Lebensbuch

Thema:	*Mein Lebensweg*
Alter:	*ab ca. 7 Jahre*
Arbeitsweise:	*Einzelarbeit*
Dauer:	*ca. 30 Minuten*
Material:	*Fotos*
	Scheren
	Buntstifte
	Kopiervorlage
Vorbereitungen:	*benötigtes Material bereitstellen*
	Gruppenmitglieder daran erinnern, Fotos mitzubringen

Durchführung

- Jeder Teilnehmer bringt ein Foto von sich mit in die Gruppenstunde. Die Fotos werden in die Mitte gelegt.
- Gemeinsam versucht die Gruppe, die Fotos den Teilnehmern zuzuordnen.
- Anschließend stellt sich jeder mit seinem Foto nochmals vor und erzählt, wann oder wo das Foto gemacht wurde.
- Die Gruppe erörtert Stationen auf dem Lebensweg eines Menschen, die für jeden Einzelnen bedeutend sein können, z. B. Geburt, Taufe, Kindergartenbesuch, erster Schultag, Kommunion, Konfirmation, Schulabschluss usw.
- Die Teilnehmer erhalten das Arbeitsblatt. Unter die Ereignisse können sie etwas schreiben, malen oder kleben, z. B. ein Datum, den Taufspruch oder ein Bild.
- Das Minibuch wird entsprechend der Anleitung gefaltet. Auf das Deckblatt kann das mitgebrachte Foto geklebt werden.

Anleitung

Die Kopiervorlage für das Lebensbuch (Arbeitsblatt) befindet sich auf der CD-ROM, bitte auf A4-Größe ausdrucken.

1. 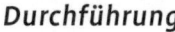 Das Blatt entlang der Linien einmal durchfalten, dann wieder aufklappen.

2.

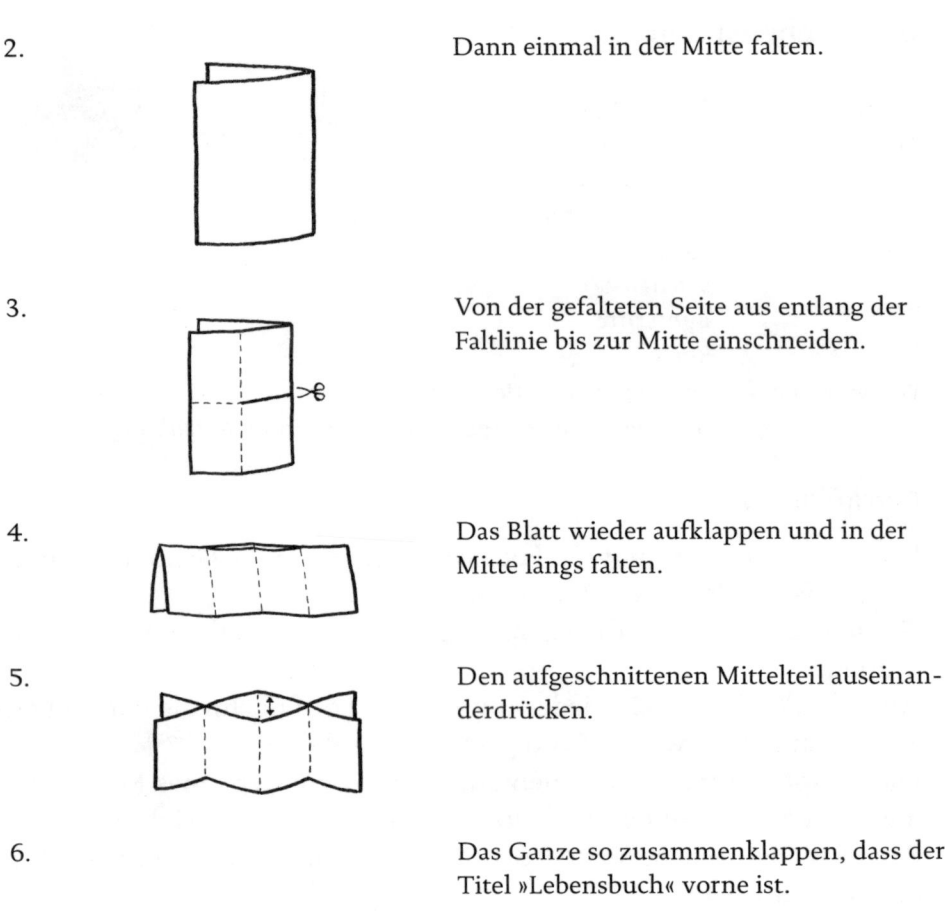

Dann einmal in der Mitte falten.

3.

Von der gefalteten Seite aus entlang der Faltlinie bis zur Mitte einschneiden.

4.

Das Blatt wieder aufklappen und in der Mitte längs falten.

5.

Den aufgeschnittenen Mittelteil auseinanderdrücken.

6.

Das Ganze so zusammenklappen, dass der Titel »Lebensbuch« vorne ist.

6. Gott spüren – das Leben